名著復刻

作文で鍛える

野口芳宏 著

明治図書

本書は、一九九四年に刊行された『作文力を伸ばす、鍛える　増補版』を復刻刊行したものです。記述内容については、刊行当時のままとなっております。また、原本から直接製版しているため、一部に文字のつぶれや汚れが見られますことをお含みおきください。

復刻版のまえがき

世界的に、しかも昔も今も「読み、書き、算盤」の三つが「基礎学力」の内容として共通理解されています。「読、書、算」とも、「3Rs」とも言われますが、中味は同じです。読めて、書けて、計算ができる、という三つが全ての学力の大本になることは、時空を超えた真理とも言えるでしょう。この三つの中の二つまでが「国語科」が担うものですから、国語学力が重視されるのもまた当然のことです。私は、その国語科教育の実践的研究を生涯の仕事としてきたことをとても幸せだと思い、また、誇りともしてきました。八十路を越えたというのに、今でもあちらこちらの学校や先生方との勉強会に仲間入りをし、実際に教室で授業をすることも年に一〇回は下りません。これもまた幸せであり、有難いことと心から感謝しています。

さて、この本は『名著復刻　作文で鍛える』という書名です。先にも書いたように、私は今でも国語教育の現場に出向いて授業を見たり、私が授業をしたりしていますが、そのほとんどが「読むこと」の領域です。読解指導や鑑賞指導が大部分であって、作文を実践研究に取り上げている学校とは滅多に出合いません。この事実を見ただけでも「作文指導の不振」は相変わらずだなと思います。残念ですが、この現実は認めなくてはならないでしょう。

そんな状況ですから、作文指導についての教育書もあまり広くは読まれません。つまり、あまり売れないのです。しかし、私が書いた作文の本はそのジンクスを破ってかなり広く読まれました。かなり売れたのです。この本の原著は『作文で鍛える』という書名で昭和六三年に新書判の上・下巻が同時に刊行されたものです。刊行四年内に六刷を重ねていますから、作文指導の本としては極めて異例の普及だったことが分かります。その後装いを改め増補改訂版として平成一七年に再刊され、これも好評のまま読み継がれてきましたが、この度、三度めの改装をし、『名著復刻』シリーズの一冊に加えて戴くことになりました。まことに有難く、嬉しく、光栄の至りに存じております。

ざっと三十年余りも前に、それまでの私の教室で実践してきた作文指導のあれこれを整理し、体系づけたものですが、三十年余りの時を経てもなお十分に今の教室実践に役立つ授業論、指導法である、と編集部から認められて復刻の栄に浴することができました。

本書の内容は、コンクールに入賞するような作文を生み出すものではありません。そういう特別の秀作を生むことは考えず、義務教育の間に「少なくともこのくらいのことは身につけておきたい」という「作文の基礎、基本」をどうしたら保障できるかを実践可能の中で述べたものです。「実践可能の中で」というのは、「超多忙の中でも」という意味です。私は新卒以来三八年間、小学校現場だけで過ごしてきました。ですから、現場の忙しさは十分に理解しているつもりです。その忙しさを抜きにして尤もらしい理屈を述べてもそれはまさに画餅に等しく現場の役には立ちません。私の著書は全て「実践を潜らせて理論を導く」という立場を貫いています。やったこと、できたことしか書いてありません。そのために、「こんなことを言っていいのか」「こんなことまで書いていいのか」と思われるようなこと等も書いています。

私は、実践者であることに誇りを持っています。実践者だからできる。言える。言わねばならぬ。そういう私自身の「本音、実感、我がハート」に徹し、それを貫いてこれまで生きてきました。

だから、と言って「その場限りの」「間に合わせやハウツー」に陥ることは、私の最も忌むところです。私は常に物事の「根本、本質、原点」を問うことを自らの戒めとしています。小手先の技術、ハウツー、思いつき、借り物は私の常に警戒するところです。時を経、空間を異にしても決して色褪せることのない本物の教え方、導き方、学び方を私は大切にしてきましたし、今もそのように努めています。

このような生き方の中で生まれた私の著作が、三年程前から「名著復刻」のシリーズに加えられるようになりました。率直に言って光栄です。嬉しいです。最初はすでに故人となりましたが有田和正先生の本が二点、私の本が二点、計四点が刊行され、いずれも今の教室にも十分に生きる提言だということで好評を博し、版を重ねています。お陰様で、私が若い頃に書いた本の中から、「名著復刻」のシリーズに、これまでに六点が選定され、刊行されました。「根本、本質、原点」を問いつつ実践してきた私の考えが今も色褪せることなく役立てて戴けることが実証されたとも言えましょう。また、その内容が全て「本音、実感、我がハート」に忠実であり、虚飾やはったりや嘘がないと読者の方から評価されてきたのだとも思います。

いささか、自分の思いを顕示しすぎたかもしれません。失礼がありましたら、どうぞお許しください。

ところで、作文指導について三度目の登板となった本書は、なんと二八〇ページにもなりました。今の教育書のスタイルからは随分かけ離れた大冊です。軽い本ではありません。重く、とっつきにくい外観です。そういう本書を手にとってくださった先生は、もうそのことだけでも一級の先生です。私は、そういう一級の、情熱的な先生とばかり付き合って教師人生を楽しんできました。そして、今でも楽しんでいます。先生との新たな出合いに感謝致します。

作文力は、国語学力の総決算だ、とずっと私は言い続けてきました。大学の卒業論文、修士論文、博士論文なども言うなれば全てが「作文力」です。作文でも、論文でも、その人の語彙力、取材力、構成力、判断力、思考力などなどの一切が反映され、評価されます。作文力を確かに身につけてやることは、その子の人生の充実に大きく貢献することを私は確信しています。

先生の作文指導の充実に、小著がいささかなりとも役立つことができるならば、著者としてこれに過ぎる喜びはありません。どうぞ、良い教師人生をお築き下さい。

野口芳宏　合掌

目次

第二部　元気が出る作文初級レッスン

第三部　元気が出る作文中級レッスン

第四部　元気が出る作文上級レッスン

第五部　元気が出る作文指導の基礎教養

第一部　元気が出る作文指導実践法

Ⅰ　発想を変える！　刺激的作文指導論

一　作文指導こそが重要なのに

1　作文指導の重要性――その再認識を――

作文指導の重要性、そんなものはわかっている、と多くの教師が考えている。しかし、〝本当に〟わかっているのだろうか。もし、〝本当に〟わかっているのなら、もう少し、本腰を入れて作文指導に取り組むのではなかろうか。作文指導の不振を見るに、やはり、本当にはその重要性がよくわかっていないのではないかと思われる。そこでこの際、作文指導の重要性をもう一度改めて考えてみることにしよう。

《作文指導の重要性とは？》作文力は、言語能力の総決算である。ゆえに、作文力を高める指導をすれば、すべての言語能力を高めることができる。

作文を書くためには、取材力、構想力、叙述力、文字力、語い力等々のすべての力を動員しなければならない。それらの力の総動員によって作文というものが生み出されていくのである。従って、作文を書かせる場面は、とりも直さず、言語能力を高める最高、最適の総合場面なのである。この事実の深い認識がなによりも大切である。この点への深い理解があれば、誰もが作文指導にもっともっと積極的になるはずである。

2　社会の要請、文部省の作文指導重視

こんな大切な作文指導なのに、どうしても現場の教室では十分に実践されていないようである。その結果、いつも次のようなことが、マスコミの話題になる。

○大学生になっても、手紙一つ書けない。
○入社試験の論文に誤字やことばの誤用が多い。
○作文力が低く、文書の起案や、作成をすることができない。

こんな指摘がしばしばなされる。企業や役所からは作文の指導を、もっときちんとやってほしい、と学校に要請される。

文部省は、これらをうけて、「今度こそ」とばかりに、昭和五十二年改訂の指導要領では、これまでにない思い

きった作文指導重視策を打ち出した。「小学校指導書・国語編」での巻頭の「1、改訂の方針」には、次のような記述を見ることができる。

> ア、内容を整理し、表現力を一層高めるため、現行の三領域を「表現」及び「理解」の二領域に改め……
>
> イ、「表現」の領域の内容は、文字言語、及び音声言語による表現力を養うための基本的な事項を取り上げて構成し、特に文章による表現力を高めることに重点を置く。

これらは、読み流してはならない改訂のいわば眼目とも言うべきものである。なお、文中の〰〰は筆者がつけたもので以下同様である。

また、同書の第三章第一節「指導計画作成に当たっての配慮事項」の(4)には、次のように書かれている。

> (4)　各学年の内容のAのうち、作文の指導については、文章による表現の基礎的な能力を養うとともに、思考力を高めることに重点を置くこと。また、作文を主とする指導については、各学年とも国語科の総授業時間のうち、$\frac{3}{10}$程度を充てるようにするとともに、実際に文章を書く機会をなるべく多くするようにすること。

作文指導に対して、これほどまでに文部省が力を入れて、制度的にもその強化、充実を促したことは、これまでにも例がない。それは、また「危機感の表れ」とも見てとれる。現場を預かる教師は、よほど腰を据えて作文指導に取り組まねばならない。なにしろ、国語科の授業時数のなんと3/10は、作文指導をせよ、実際に文章を書かせよ、というのだから。

二　作文指導はいつも不振だ――面倒だから振るわない――

こんなに、作文指導の大切さが叫ばれ、強調されているにもかかわらず、残念ながら、現場での作文指導は、盛り上がりに欠けている。教師たちによって、夢中で実践されているとは思えない。いったい、どうしてこうも現場の作文指導は盛り上がらないのだろうか。

その本当の理由は、次のような諸点にあるのではないかと思われる。これらは、あまり表立っては言いにくい。しかし、おそらく、本音であろう。

1　作文指導の重要性を深く認識していない。
2　作文力は天性のもので、指導の効果が希薄である、という思いこみ。
3　書かせることはよいが、後の処理がたいへんである。
4　よい指導方法がわからない。

1の「作文指導の重要性」についてはすでに述べた。

2の「作文力は天性だ」ということについては、半ば正しく、半ば誤りというのがほぼ妥当な考え方であろう。子どもたちの中には、特に指導しなくても作文が上手に書けるという子どもが確かにいる。天分だ、天性だ、とも確かに考えられる。

しかし、決してすべてがそうではない。

指導する前はほとんど書けなかったような子どもが、指導によって驚くほどの作文力をつけていくことを私は体験してきた。大方の教師は、そこまでの指導の体験＋実践を持っていない、などと書くと不評を買いそうだが、私ほどの実践をした人はそう多くはないと考えている。実践をしないで諦めてしまっている人の方が多い。

本書によって、是非とも「指導による作文力の伸び」を理解して欲しいものである。本書は、作文指導の苦手な人、億劫な人への実用的な、大胆なハンドブックになるに違いない。

3の「事後処理が面倒」というのは、作文指導不振の最も大きな理由であると思う。

単に「書かせる」ということならば容易である。宿題にすれば書いてくる。出張時の自習などにも、よく作文が課される。学期末の多忙さが加わったりすると、その仕事を進めるために作文を書かせたりすることもある。私にだってそういうことはあった。

つまり、作文を「書かせる」ことは、至って容易なのである。毎日書かせたっていいくらいである。しかし、問題は「事後指導」「事後処理」である。事後指導をするためには、少なくとも子どもの作文を全部読まなければならない。

読むだけだってそれは大変に労力の要ることなのに、その上に赤ペンを入れたり、添削したりしなければならない。そう考えると、とたんに、書かせたくなくなってしまう。書かせなければ読まなくたっていいのだから、と考えるのは、正直のところ無理のない話である。

しかし、そんなことはとても表立って言えたことではないので、みんな黙っている。実は、この面倒臭さこそが作文指導不振の正体であり、真相であり、本音である。

ここをどう打開するか、という解決こそが作文指導を盛んにしていけるかどうかを決定する。本書は、それへのいささか大胆に過ぎる実践提言をしようとするものである。

4の「よい指導方法がわからない」ということもまた本音に違いない。「活動」はさせてきた。しかし、どうしたらその活動の質を高め、作品の質を高められるのか、という段になると、とたんに手が出なくなる。指導の仕方がわかっていないから、「作文力は天分だ」とも考え、「指導したって仕方がない」とも考えてしまうのだ。よい指導法がわからない教師は、そのように考えて自分の責任を他に転嫁しようとする。

実は、私の作文指導法は、一言で言えば「多作主義」である。活動重視主義、賞揚主義であって、あれこれ面倒な「書き方」のノウハウを子どもに伝授しようというものではない。だから、誰にでもできるのである。そして、確実に子どもの作文力が伸びていく。

しかし、そのような「活動重視」「多作主義」「賞揚主義」も、見方によれば一つの「指導法」だとも言えよう。そのような意味での「指導法」ならば、本書はかなり豊富な情報を提供することができるに違いない。

三　作文は子どもに嫌われているが

作文は子どもに不人気である。作文が好きだという子どももいないわけではないが、それはむしろ例外的存在と言ってよい。大方の子どもは作文が嫌いである。

これは、大人にも言える。「文章を書く」「物を書く」のは大方の大人にとって億劫であるらしい。大人の中にも「投書マニア」などという書くことの好きな人もいはするがそれもまた例外的存在と言ってよいだろう。

ところで、作文が嫌われる理由は、大人にも子どもにもほぼ共通している。

第一にそれは大変面倒なことだからである。一字一字書いていかなければならない。文字は忘れているし、きれいにも書けないし、読み返してみるとつじつまが合わなかったり、冴えない表現であったりする。そういう不満が、いっそう面倒さを増幅させるのである。

第二に、うまく書けない、ということがある。書きなれていないのだからうまく書けないのは当然であるが、それが悪循環を生む。たくさん書かないからうまく書けないし、うまく書けないからいよいよ書かなくなるのである。

作文に比べて、同じ表現行動でも「話す」ことは盛んに行われる。大人も子どもも、大変お喋り好きである。話すことだけは少しも億劫にはしない。「話を止めなさい」「黙りなさい」「静かにしなさい」と、教師はどれほどしばしば子どもたちに注意をすることだろう。それほど、音声言葉による表現活動は盛んに行われている。

どうして、同じ表現行動なのに、話すことは好まれ、書くことは嫌われるのだろうか。

その理由は簡単である。

話すことは、そもそも簡単である。簡単であるから多く話され、多く話されることによっていよいよ話し方に慣れ、話し方が上手になる。簡単だから多く行い、多く行うから上手になるのである。

それに引きかえて、作文は面倒だから多くは書かない。多く書かないから上達しない。上達もしないし、面倒でもあるから、当然嫌われることになるのである。

こう考えてくると、子どもが話すことを好み、作文を嫌うのは誰にも頷けることである。

しかし、その現状に甘んじてはいけない。作文は非常に大切な「言語能力の総決算」なのである。何とかして、作文力を高めなければならない。作文力を高めることは、言語能力の総合的伸張になるばかりでなく、それは思考そのものの総合的、根本的開発にもなるからである。

では、一体、どのようにして作文力を高めていけばよいのであろうか。以下に、その提言をする。大胆で刺激的で、偏見とも感じられそうな、しかし、本当に役に立つ、本音の提言七か条である。

四　こうすれば作文が好きになる――刺激的提言七か条――

私は、子どもの作文力を高めることを強く願っている。どの教室でも、もっともっと作文指導を盛んにしていかねばならないと強く考えている。

その願いを、本当に実現させていくには、現場の教師たちの、思い切った作文指導への発想の転換が必要であると考えている。

少しぐらいの語弊があってもよい。行き違いがあってもよい。まずは、とにかく子どもたちにたくさん書かせること、教師がそれを、億劫がらずに実践できること、そして、教師の負担も思い切って軽くすること。それらのいちいちが現実に叶えられるような、そういう発想の転換が、当面は、なによりも必要であると心から思うのである。

まず、実践を。そして、それらの継続の中で、おいおいにその質を高めていくようにしよう。以下に述べる私の提案は、大胆にすぎ、極端との批判を受けるかも知れない。しかし、それだけに、私の本音を出している。また「実践を通した批判」は、おおいに歓迎する。また、反響を心待ちにしている。

1　小作に安んぜよ——作品主義から文章主義へ

いろいろのコンクールで高位に入賞する作文は、それぞれに大変すぐれている。入賞するような作文こそが作文の理想であり、あのような作文が書けるようにしてやることが作文指導なのだ、と考えられがちである。

そして、コンクールで高位に入賞するような作文は、もはや、一篇の「作品」と呼ぶ方がふさわしいほどの出来ばえである。取材、構成、叙述、表現、用語、内容の掘り下げ、山場の作り方、アッピールの仕方、等々どれをとっても読む人の心をとらえて大きくゆさぶる。それ故にこそ、数多の作品の中から数少ない高位に入賞できるのだと思う。

そのような作品は、おそらく何回も推敲し、練り直し、書き直した暁にようやく出来たものであろう。たやすく、ちょこちょこと書いて成ったものではあるまい。

それは、作文指導における日常的な実践というよりは、むしろ例外的に入念な指導によって生まれたものではなかろうか。例外的な努力と推敲によって生まれた作品は、やはり例外的な出来ばえであり、日常的な実践が求めるものとは異なっている。

日常の作文指導は、そんなに手間隙のかかる、厄介なものであってはならない。もっと手軽で、誰にもできる、そして、ほどほどの水準、学年の大方の子どもが到達しうるレベルの文章でよいはずだ。そのことこそが作文指導の本来のあり方である。

作文指導は、いつの間にか「作品指導」になってしまってはいないか、もっと平易で平凡な、誰にもわかる「文章指導」に立ち返るべきではないのか――私はそう考えている。

- 大作主義から小作主義へ

- 完成主義から習作主義へ

- 長文主義から小品主義へ

- 長時間主義から短時間主義へ

- 作品主義から文章主義へ

このような発想の転換によって、もっと日常的、常識的、標準的な作文力をつけていくようにすべきだ、と私は提言したい。

むろん、万人の胸を打つような大作、名品を生む価値を否定はしない。それはそれとして大変価値のあることには違いないのだが、「学習指導」としての作文指導は、そういう例外的高水準を目指すのではなく、もっと地味な、身近な学力形成をこそ意図すべきだと言いたいのである。

2　娯楽として書け――認識主義から興味主義へ

何をこそ対象として切りとるべきか、そして、対象をどのように確かに、深く認識させるべきか、作文の良し悪しはまさにそのことにかかわっている——と長く考えられてきている。

生活を凝視することによって文を綴らせ、文を綴らせることによって現実を見究め、真実を探り出す力を培っていくこと、そこに作文の狙いを置く——これがいわゆる「生活綴り方」の考え方である。

日本作文の会を中心とする生活綴り方の伝統的な実践と実績に対して、私は深い敬意を表している。私のこれまでの実践もまた、多くその成果に学んできたつもりである。生活綴り方の教育論、生活綴り方的教育方法は、極めてすぐれた日本の教育遺産であるとも考えている。

生活綴り方的教育方法というのは、ごく粗く言えば、ほぼ次のような役割を担い、それを果たしてきた教育運動だということができるであろう。

生活綴り方が最も必要であった時代というのは、社会、生活、物資等に貧富の差が大きく横たわり、それがもたらす不合理や矛盾が個々人の生活の上に重くのしかかっている時であった。

それらの現実を見据え、それらの矛盾をえぐり出し、それらの不合理を暴いて解消していくことが大きな課題であり、その為にこそ生活綴り方は偉大な役割を果したのであった。

しかし、時は流れ、社会も変わり、子どもの意識もまた大きく変わってきた。何よりも大きな変化は、国民の大方が「中流」という意識を持つほどに、日本の社会が豊かになってきたということである。

むろん、現在だって、考えようによれば貧困は解消されてはいないし、社会の孕む矛盾や不合理もないわけではない。しかし、それらとて、戦中、戦後の日本が置かれていた頃に比べれば、比較にならない好転を見せている。

このような中にあって、社会の現実に目を向けさせ、矛盾や不合理や困窮に子どもたちを対峙させようとしても、必ずしもうまくはいかない。現代っ子は、今の時代、現在の社会の中で、何とか楽しみながら、それなりに生き生きと生活している。

生活綴り方的発想によって今の子どもたちの生活認識を深めていくという考え方は、一つの壁にぶつかってきているのではないか。――否、今こそ生活綴り方的教育論の復興が大切なのだ、ということも言えなくはないが、大方はその考えにはついて行かないだろう――と私には思われてならない。

時代を超え、洋の東西、古今を問わず、子どもにとって最大の魅力は「遊び」ということである。「人間にとって子どもの時代があれほどに長いのは、それほどに遊びが大切だからだ。子どもの時代は、遊びのためにあるのだ」と言ったのは、誰であったろうか。深く心に残ることばである。

「遊んでばかりいないで勉強をしなさい」と、教師も親もしばしば口にする。このことばには、「遊び」と「勉強」とが対立概念として存在している。このごろ、私はこの考え方はもはや古すぎると思うようになってきた。

これからの時代は、苦しみと戦いながら勉強するのでなく、「遊びとしての勉強」「楽しみとしての勉強」というように、二元一如を志していくべきではないかと考えるのである。

作文を書くことそのことが楽しい。作文を書くのが大好きだ。作文を書いていると面白くて次から次へと書きたくなってくる――そういう作文指導への発想の転換をしていく時期に来ているのではないか。

「日ぐらし硯に向かひて、心にうつるよしなしごとを書きつくればあやしうこそものぐるほしけれ」と書いたのは兼好法師であるが、これからの作文はこの境地を目ざさせるべきではないのか。

「認識主義から興味主義へ」と私が言うのはこのような意味合いからである。「娯楽として書け」というのも同様の意味である。

そんな甘い考え方で作文教育を考えるのは邪道である、と考える人もあるだろう。しかし、「おもしろさ」というものは、そんなにいけないものなのかどうか。「楽しみ」や「娯楽」というものは、そんなに悪いことなのかどうか、改めて考えてみるべき時に来ている、と私は思う。

- ・認識尊重主義から、興味尊重主義へ
- ・難行、苦行主義から、易行主義へ
- ・硬直主義から柔軟主義へ

このごろ私は、しきりにそんなことを考えている。

3　精しく読むな――精読主義から粗読主義へ

丹念に読もうとするから時間がかかりすぎる。面倒になってくる。億劫になる。作文を読むことが億劫になるから、子どもに作文を書かせようとしなくなる。そういった悪循環から、思い切って脱却するためには、「丹念に読むな」という大胆な発想の転換が必要だと考える。

では、どのように読んだらいいのか。

全文を、ばっ！　と読むのである。そして、ぐるぐると、三重丸をつけてやる。ちょっといいな、と思ったら四重丸や五重丸をつける。直観的に決めればよい。こんな調子でよい。

評価の赤ペンは、原則的には入れない。もし書く場合には、一言だけにする。

○がんばったね！
○うまいぞ！
○おしかったね！
○おもしろい！
○よかったなあ、元気になって！

ぱっ！　と見て、ぱっ！　と丸をつけ、ちょっと一言つけ加える。こんなふうにすれば、四十人の作文でも、二十分間で読み終わり、すぐに子どもに返すことができる。「とてもよく書けたね」とほめて励ましながら。

このような提言に対しては、反論、反発がなされるに違いない。

・子どもが丹念に心をこめて書いてきたものに、そんな態度で接していいのか。
・教師として不謹慎ではないか。
・一字一句まで見てやるところにこそ教師の愛情があり、それが子どもを教化するのではないか。
・教師の怠慢を正当化する詭弁だ。

これらはいちいちもっともである。しかしそのもっともなことにこだわっているかぎり、子どもに作文をたくさん書かせる、という最も素朴で基本的な実践がなされなくなりはしないか。

教育現場には、理想論がはびこって実践が痩せてしまう例がたくさんあるのである。

もしそうなら、これほど皮肉で滑稽なことはない。理想的な幻を描いて手が出なくなるよりは、問題を孕みつつも現実を打開していく逞しい実践の方がはるかに価値があると私は思うのだ。

4　評語を書くな――評語主義から評定主義へ

子どもの書いた作文は、隅々まで心をこめて読み、なるべく丹念な評語を添えてやるべきだ、という考えは作文指導のいろはであって、誰も疑わない常識となっている。

どのような赤ペンの入れ方が指導上効果的なのかというような実践研究もなされているし、教育雑誌でその問題を特集することも多い。雑誌の特集などでの赤ペンの入れ方、つまり評語の書き方を見ると、ずいぶん丁寧だなと思う。

正直なところ、丁寧すぎるとも思う。「どういう赤ペンの入れ方が望ましいのか」という立場に立っての理想事例を示すから、そうなるのも止むを得ないのかも知れない。しかし、理想的であればあるほど、現実からは遠ざかる。極端に言えば画餅に等しく、使いものにはならないことにもなる。

作文を書かせる度に、あんなに丁寧な評語を、一人ひとりの、一作一作に入れなければいけないとしたら、とても忙しい教師の現実の中で実践などできる筈がない。作文指導が億劫になるのは当然のことである。

このように、理想を追うあまり現実には何もできないという状態を、何とかして逆転させなければならない。理想的な方法では決してないが、しかし、現実的で、実践的で、日常的で、誰にもできるという、そういう方法が必要なのである。その方が、結局は子どもの作文力を高めるのである。

「評語を書くな」――と、私が言うのは、少しでも作文指導を簡便で、実践可能なものにしたいと思うからである。評語を書かなくていいとすれば、どんなにか教師の労力が省かれることであろう。そして、しかも、子どもが喜んで書き、その上に子どもの作文力が伸びていくとしたなら、これほどいいことはないではないか。

「評語主義から評定主義へ」という私の実践方法は次の通りである。

まず、作文をざっと読む。丹念に読むのではない。本当に、さあっと読むのである。読むというよりは「見る」と言った方がよいくらいの読み方をする。これなら時間もかからないし、負担にもならない。

そして、読み終わったところで、ぐるぐると三重丸をつけてやる。なるべく大きいのがよい。私は、いつも朱墨をつかって丸をつけていた。最低でも三重丸である。ちょっといいなと思ったら四重丸、中々いいと思ったら五重丸である。あまりつけ惜しみしないで大サービスをするように努める。

これだけでもいいのである。評語は書いてないが、評定はしたからである。ちょうど、図画や習字の作品評価と同じである。この方式なら僅かの時間で作文の評価、処理が完了する。作文指導で最も厄介視されている「評価」「処理」という仕事が少しも億劫ではなくなるところに大きな強味がある。

「それだけではどうしても不安だ」という人は、たった一言、ほめことばを添えたらよい。

私はそうしてきた。私のほめことばの一例を示してみよう。

・よし、よし。
・おもしろいね。
・なるほど、なるほど。
・うまい、うまい。
・とても楽しく読んだ。
・けっさくだ。
・長く書けたね。
・迫力満点。
・すばらしい作文です。
・感心、感心。
・りっぱ、りっぱ。
・出色の一作。

大きく、はっきり、堂々と書いてやる。子どもはそれだけで十分満足する。また、そういうように子どもたちを仕込んでいくようにするのである。要は、子どもたちの作文力を高めること、作文を喜んで書くようにすること、そこのところが達成されればよいのである。形式的なことにこだわって、子どもに作文を書かせるという根本をおろそかにしたのでは、元も子もないではないか。

蛇足ながらもう一つつけ加えておく。丁寧に評語を書くことは、一見親切のように見えるが、子どもたちを、いつの間にか「評語期待症」に感染させかねないのである。

作文を書くことそのことを楽しみとするのなら本物だが、先生がどんな評語を書いてくれるかを楽しみにして作文を書くように育てることは、実は本末転倒である。赤ペンを入れてくれなければ作文を書く気にならないなどという子どもに育てたら、それは大間違いなのである。

5　添削するな——添削主義からべたぼめ主義へ

一般には、丹念に読み、一つひとつの間違いを見つけては赤ペンで直してやり、丁寧な評価もつけてやることが多い。これは、「理想的」な指導法である。しかし、「理想的」ではあっても、「現実的」ではない。結局、長くは、続けられないことになる。

こんな方法をとっていると一年間に三回ぐらいしか書かせられないことになってしまう。「年間の国語の授業時間の3/10を作文に充てよ」という52年版指導要領の「現実」は、「理想的」な方法では実践できない。これではいけないのである。

誤字・脱字などの指導は、本来「言語事項」として指導すべきことである。書かれた作文のいちいちの誤字や脱字を教師が指摘し、指導することは、健気でいじらしいが、ほとんどその指導効果は上がらない。漢字を書く力が、作文の赤ペン指導で高まったなどということは、聞いたことがないだろう。

作文指導では、「文章を綴る」という基礎体験をこそ重視すべきであって、それ以外の指導事項は、思い切って捨てるのがよい。それが指導事項の「精選」ということなのである。

従来の作文指導は、なんでもかんでもの指導をごちゃごちゃと入れすぎた。そのため、かえって指導効果が低下したのである。

私は、誤字も脱字も直さない。そんなことをいくらやっても、ほとんど効果があがらなかったという苦い経験則が、私をそうさせたのである。

そういう細かな点を、くどくどと指摘すればするほど、直してやれば直してやるほど、子どもらの作文は「欠点の指摘」ばかりで真っ赤になってしまう。

折角書いた作文が、満身創痍になって返されてきたとき、子どもたちはどんな気持ちになるであろうか。

- ・ああ、なんて作文というのはむずかしいものだろう。
- ・文章を書くというのはこんなにも面倒なものなのか。
- ・いつになっても文章というものは正しく書けるようにはならないものだなあ。

このようなマイナスイメージを強めるのが落ちであろう。かくして、作文嫌い、作文挫折が生ずることになる。

作文は、言うまでもなく、子どもの表現欲求の所産であるべきだ。何を表現したかったのか。何を伝えたかったのか。何をこそ訴えたがっているのか。――もっぱら、そこのところをこそ受けとめてやるのが教師の役目ではないのか。

訴えたくもなかったこと、中心ではないこと、子どもにとっても瑣末なこと、手段的なこと、などなどそんなところにばかり目をつけられて、あれこれ欠点をほじくり出されたら、さぞかし子どもはがっかりするであろう。そういう作文指導から脱却すべきだ、と私は提言したいのである。

考えようによれば、子どもたちがそんなに誤字を書いたり、送りがなを間違えたりするのは、ふだんの言語事項の指導がどんなにいいかげんであるかということの証左でもある。直すべきは、ふだんの文字や語句の指導のしかたなのである。そこのところに思いを致さず、書き上げた作文についてあれこれ指摘するのは、ピアノの発表会の席上でがみがみ叱るのと同じである。細かな指導は、発表会に至るまでにしておくべきなのである。そして、発表会では、それまでの努力を実らせてやり、大きな拍手と賞讃を贈って励まし、労ってやればよいのである。

「親バカ」ということばは中々温かくユーモラスである。自分の子どもとなると、何でも可愛らしく、頼もしく見えてしまう親特有の心理を言ったことばであるが、子どもの作文を読むときには、べたぼめ主義の親バカになる方がよい。

嫁いびりをする昔の姑根性のような目で子どもの作文に接するのでなく、たとえバカと言われても子どもを愛する親心で接してべたぼめする方が、子どもの作文力を伸ばすことにはなるのである。

6　やたら書かせよ――質第一主義から量第一主義へ

ただむやみに書かせても作文力が高まるものではない。どのように書くのかという書き方をきちんと教えてやらなければ、いつまでたっても作文は書けない。

やはり、取材の指導を丹念にし、構想をいろいろと吟味させ、それが自分なりに納得できたところで丁寧な文字で書かせ、書きあげたところで十分推敲させるようにしなければならない。この一連の学習と指導とを確かにすることによって子どもの作文力は伸びていくのである。――と、一般に考えられている。いわば、この考え方は作文指導における常識である。

むろん、この考え方が誤りだなどと言うつもりが私にあるわけではない。確かに正しい考えには違いない。――しかし、である。

このような考えに立ち、このような考えにとらわれている限り、作文教育は決して盛んにはなっていかないことにも気づかなければならない。現に、作文教育は、文部省があれだけ力を入れ、鳴り物入りで、その実践重視を呼びかけたにもかかわらず、依然として現場では盛んになっていないではないか。

なぜ、そうなのか。なぜ、現場では相変わらず作文指導に対して及び腰なのか。――理由は至って簡単である。それは「面倒」だからだ。「手間隙かかってやりきれない」からだ。

なぜ、手間隙かかって面倒なのかと言えば、先に述べたような理想的な「常識」に縛られているからだ。「ただむやみに書かせても作文力が高まるものではない」という考えにとらわれているからだ。そこから脱却しない限り、作文指導は決して盛んにはならない。

私は、しばらく作文指導の常識から解放され、もっと理想的ではない、現実的な、大胆な実践方法を提言したい。そして、その方法は存外子どもの作文力を高めることに役立つのだ。

その方法原理は、これ又まことに単純、かつ明快である。「やたら書かせる」という方法である。良質の作文を生まなければならないという観念から解き放たれて、大量の作文を書かせるというところにしばらくは狙いを置くのである。

やたら書かせる。むやみに書かせる。そうするためにはどうすればよいか。たとえば、次のような機会をとらえて、いつでも書かせるのである。

- マラソンの練習は、こうして進めよう。
- なわとび練習は、こうすれば上達する。
- 自習時間の課題について先生にお願い。
- 遠足の小遣いについての希望。
- テストの前にはこんな勉強法がよい。
- 先生の教え方についてお願い。
- そうじの仕方についての提案。
- 大野君、三井田さん、誕生日おめでとう。
- ぼくらのクラスの自慢。
- 川田先生のよいところ、悪いところ。
- うさぎの当番の仕方について提案。
- 給食のおばさんありがとう。
- ――――
- ――――

四百字詰め原稿用紙一枚程度、せいぜい二枚程度でよい。軽薄短小でよいのである。いつでも、どこでもやたら書かせるのだからである。

書いて書いて、書きまくり、書くということがまったく日常化するように、気軽に、手軽に書かせるようにする。ちょうど、赤ちゃんが、転んでは立ち上がり、転んでは立ち上がり、やがて、一、二歩歩いては転び、転んでは立ち上がって歩き、それを何百回とくり返しているうちにやがて歩けるようになっていく、あの成長原理、あの向上原則を作文指導に適用するのである。

そのためには、専用の作文用紙（Ｂ５判四百字詰め五十枚綴り）を子どもに持たせておくとよい。ちょうど、各教科のノートを持っているように、家に一冊、教室の机に一冊と置いておき、いつでもそれに書けるようにするのである。こうすれば、一年間に四冊、つまり二百枚分ぐらいの作文は、どの子も書くようになる。年間二百枚として小学生の間に一人一千二百枚の作文を綴ることになる。そうすれば、どんな子どもだって、少しは文章が書けるようになるだろう。（注・作文用紙「作文くん」が新学社から出ている。教材店で買える）

質の重視から量の重視へ――そして、やたら書かせよ、と私が言うのは、このような考えに立つからである。そして、私は事実そのようにして実践を積んできた。

コンクールに応募したこともないから入選させたこともないが、一人ひとりの子どもの作文力は確実につけられたと自認している。

作文用紙についての詳細は拙著『子どもは授業で鍛える』にもそのサンプルを載せてあるので参照をお薦めする。

7　丁寧に書かせるな――書写主義から作文主義へ

作文の授業は「書写」の指導ではない。わざわざ乱暴に書かせる必要もないが、「丁寧さ」を必要以上に要求するのはよくない。むしろ「丁寧になんか書かなくてもいい。そんなことは気にしないで、とにかく、ぐんぐん、どんどん書こう」といってやるほうが、子どもは作文に親しむようになる。「一気に書かせる」というのは、とても大切なことである。

これまでの作文指導では、やたらと要求事項が多すぎた。

それでは、作文嫌いにならない方が不思議である。

それらのすべてを、ひとまずとり払うとよい。子どもの肩の荷が、ずっと軽くなるはずである。

作文を書くことを、「負担」ではなく、「楽しみ」に変えていくためには、このような大胆な発想に立って、新しい実践に踏み出していくことが大切である。

話すときでも、書くときでも、その人に合ったスピードを必要とする。早口の人は、早口で喋ることによってうまく話せるのである。それは、ちょうど自転車がスムーズに走るためにはあるスピードを必要とするのに似ている。マラソンでも、その人、その人のペースで走るのが一番楽であり、効率が上がるのと同じである。

これまで、記述の速度についてはほとんど触れられたことがないのだが、考えていく速度と記述速度とが程よい調和を保ったときに、記述はうまく進んでいく。「丁寧に書け」という強制が、このバランスを崩させると、作文は極端にその能率を低下させることになるのである。

私は、「丁寧になんか書かなくてもいいから、ぐんぐん、びゅんびゅん書け」と言うことにしている。このように言ったからといって、子どもの文字が、さほど崩れて乱暴になるわけではない。

むしろ、「丁寧に書かなくてはいけない」「上手に書かなくてはいけない」というプレッシャーから解き放たれて、子どもは伸び伸びとした文字で、楽しんで作文を書くようになった。

書写の授業ではないのだから、「書写主義から作文主義へ」という提言は当然のことなのだが、これまでそのような提言をする人がなかったのは、むしろ不思議である。「丁寧に書かせるな」という刺激的な提言の、真意を解してぜひ作文の実践を盛んにしていって欲しい。

Ⅱ　作文力を伸ばす！　これが極意だ

作文指導は、究極のところ子どもの作文力を伸ばすことを狙いとする。作文指導は、この一点をのみ解決するならば、それは大成功だと言ってよい。

ところが、巷間に流布している作文指導法は、必ずしも子どもの作文力を高める方法とは言えない。ややこしく、面倒で、観念的な建前論が多すぎる。その立派すぎる幻想的空論の前に、教師は実践を億劫にし、子どもたちは作文を毛嫌いするようになる。そういう本末を転倒した現象が、あなたの身の回りに無ければ幸いである。

この章では、建前論ではなく実践に本当に役立つ極意を、まとめてみることにする。すでにこれまでのところを読まれた方には、いわばここでの記述は「総括」にも当たることになるので、簡潔にポイントだけを述べよう。

1　いつでも書かせる――多作化

作文を書くということはひとつの行動である。一般に行動の習熟には数をこなすことが最も効果的である。

千葉大学の学生時代の書道の先生であった浅見喜舟先生は「少なくとも積み重ねて自分の背丈になるだけの半紙を使わなければいけない」と言われた。質もさることながら、まずは量をもってその目標を示されたのである。

水泳の選手になるには、小学生でさえ一日に一千メートルから二千メートルは泳ぎこまなければいけないそうである。それを続けることによって、ようやく水に体が慣れてくるのだ、という。

研究授業も百回はこなせ、と向山氏は若い教師に上達の条件を示している。

「首振り三年、ころ八年」というのは、尺八の修業を示す教えである。尺八を習うには、首を振って音を出すまでに三年かかり、ころころとよい音色が出せるようになるまでには八年かかるという。それまで、吹いて吹いて吹きまくれというわけである。

作文の学習だって同じだ。一年に五、六回どんなに念を入れて書いたところでその成果は高が知れている。むろんどう書くか、どう書いたらよい作文になるかという質的吟味も大切ではあるが、まずは、量をこなさせることが大切である。

どんなに作文の苦手な大人の人でも、人との話だけは何とかできるのは、数えきれないほどの会話の数をこなしているからに他ならない。

いくらお喋りが達者でも、文章となるとほとんど書けない人がある。この人も、お喋りをするほどに書いて書いて、書きまくったならば必ずや書けるようになるに違いない。

そうならないのは「書く」という行動が、「話す」という行動に対して比較にならないほどに少ないことによる。「いつでも書かせる」――多作化――というのが、作文力を伸ばす極意の第一である。その具体的な方法は章を改めて述べることにする。

2　どこでも書かせる――生活化

私は、英語と独逸語と中国語の単位をとって大学を卒業した。英語については中学校以来、実に八年間もその修得に費やした。

独逸語には二年間、中国語には一年間である。

そして今はどうか。それらのどいつも覚えてはいない。まったく身についていない。

一体どうしてそうなのか。答えは至って簡単である。その後の生活の中に必要がないからである。生活の中にとり入れられないものはどんどんこの身から剥落していく。古諺は「去る者は日々に疎し」と教えている。もっともなことである。

作文力もそれと同じである。生活の中にとり入れられていつも用いられ、生かされているならば、その力は高まりこそすれ衰えていくことはない。せっかく学んだ力と技術は、努めてそれらを使う場を多くすべきである。

欠席届を自分で書かせるのもよい。遅刻届も書かせるとよい。図画の作品が入賞したら直ちに「入賞の弁」を書かせてみよう。落選したら「落選の弁」を書かせるとよい。

試合に勝ったら書かせ、負けたら書かせ、練習中の感想もまた書かせてみる、という具合に「どこでも書かせる」ことによって、作文力は「生活化」されて身につくのである。

むろん、大作を狙うのはよくない。いわば葉書を書くように、手軽に、気楽に、ちょいちょいと書かせるようにするとよい。アイデアしだいで子どもの作文を書く機会はいくらでも広がっていく。

机に向かって、取材を考え、構想を考え、あれこれ吟味して書く、などという面倒な手続きは一切やめて、いきなり書かせるのである。子どもたちは、それでも結構よいものを書いてくることは、実践してみればすぐ了解されるに違いない。

大切なことは、教師の指導観を柔軟にすることである。教師の固定観念を解きほぐすことである。そうすれば、作文指導にも思いがけなく楽しい天地が広がっていく。

3　やたらほめまくる――暗示化

私は大変な悪筆である。文字の下手なことを毎日のように、毎時間のように指摘された。学校の先生からも、父からも、母からも言われ続けた。彼らは、実に念入りに、文字についての劣等感を私に植えつけることに成功した。私は、文字についてただの一度もほめられたことなく長じたので、大学に入るころには、文字に対して、怨嗟の情をさえ抱くようになっていた。

国語科専攻生は書道が必修であるから、どうしても単位をとらなければならない。書道の実技の単位は、半紙一枚一点であった。五十九枚しか書かなければ五十九点で単位は貰えないが、六十枚書けば六十点で及第する。但し、評価は最低の「可」である。私は、迷うことなく六十枚目を書いて提出し、辛うじて「可」を貰った。国語科専攻生十七名中、「可」を貰ったのは私だけだった。

子どもにとっては、「下手だ」「駄目だ」「見込みがない」と言われ続けるほど淋しく、辛く、悲しいことはない。しかし、このことは言われる者が感じる辛さほどには、決して言う側には感じられていないらしい。

そして、いつもけなされ続けている者にとって、いつもほめられている人はまた大層羨ましく思われるものである。羨ましさが募れば募るほどに、自分の惨めさが目立ってきて、劣等感にうちひしがれることになる。弱い者、力の低い者、劣る者にとって世の中の慣行は中々に残酷である。

只の一度も選手になったことがなく、只の一度も作品で賞など受けたことなく子ども時代を送った私にはそれらのことどもが身に沁みてよくわかる。

だからこそ思うのだ。作文を書いてきた子どもやその作品に対しては、「やたらほめまくる」ようにしたい、と。世辞でもいい。嘘でもいい。実際、私は嘘でもいいからほめられてみたいと、何度思ったことだろう。そして、自分が選手になって喝采を浴びる幻のシーンを何度夢想したことだろう。幻にもせよ、そのシーンを思い描いている束の間は、心癒されたことである。「冷たいホント」よりも、それと知りつつも「温かい嘘」に勇気づけられることが、力の弱い者にはあるのである。

作文力を伸ばす第三の極意、それは、「ほめて、ほめて、ほめまくる」ことだ。どんなに少なくても三重丸、ちょっと良かったら四重丸、これは！　と思ったら七重丸、八重丸、九重丸をつけてやろう。子どもは吃驚するだろうが決してがっかりはしない。

そういう実践をされたクラスから育った子どもたちが、やがて長じて大人になった時、小学校時代の作文の体験を振り返ったならば、誰一人の例外もなく、どの子どもも言うに違いない。

「私は、小学校の頃、作文だけはいつもほめられていた」――と。

それは、必ずや生きていく上の大きな力になる。支えになる。劣等感を抱いて大きくなった者と、優越感と自信を抱いて長じた者とが、その後の生き方のうえでどれほど大きく明暗を分けることか。

いつもほめていると効果がなくなるとか、ほめ過ぎていい気になるといけないなどと思う向きもあるかも知れないが、それは違う。

ほめられて怒る者はいない。それは子どもも大人も同じである。ほめられ過ぎていい気になったら、それはそれでいいではないか。

一つぐらい、思いがけないところでいい気にさせてやることは、この厳しい世の中にあって一服の清涼剤ともなるだろうからである。

4　おもしろがらせる――血肉化

これまでの作文指導は、あまりにも「教育的」であり過ぎたのではなかろうか。「作文」というよりは「教育作文」だったのではないか。本当に子どもたちが書いてみたいと思う題材で書かされたことは、ほとんどないのではあるまいか。

書いてみたくもないもの、書きたいとも思わないもの、そういう題材が一方的に与えられて作文を書かされてきたのではなかったか。

仮にもしそうであるならば、子どもが作文を好まないのはあまりにも当然のことである。

人間ほど一人前になるまでの時間が長い動物はいないという。他のいかなる動物に比べても、人間ほど子どもの時間を長くとるものはない。人間の子どもの時代は、何故にかくも長いのか、ということについて、ある人は「それは遊ぶためだ」と言ったそうだ。遊びを通じて子どもは社会性を育て、大人社会への仲間入りの準備をするというのである。

遊びの本質は言うまでもなく「おもしろさ」にある。おもしろくなければ遊びにはならないし、おもしろくない遊びはすたれていく。

作文指導を子どもの本性である「おもしろさを求める心」に合わせてみたらどうか。おもしろくてたまらない。もっと書きたい。毎日でも書きたい。そんなことを子どもに実感させるような作文指導を生み出してみたい。

「遊びとしての作文」などというと、不謹慎だなどと怒る人があるだろう。

しかし、そうでもしなければ、作文力は子どもの血や肉にはなるまい。嫌なものは体外に排泄し、好きなもの、おもしろいもの、良いものは体の中にとり入れて「血肉化」しようとする。それは、動物の本性に適った大原則である。

作文学習、作文行動を、もっとおもしろいものにしていこう。子どもが進んで書くようなそういうものに切りかえてみよう。これが第四の極意である。その具体的な展開例は、後に詳しく紹介する。

5　用紙を手元に置く――即決化

書きたいと思った時、書こうと思い立った時、それがいつであれ、どこであれ、さっと書けるようにしておくのがよい。

「さあ、作文の時間だよ」などと言われて、仰々しい作文用紙が配られて、「さあ、書け」などと言われても、さてそう簡単に書けるものではない。

作文用紙は、教室の机の中にも、家庭の机の中にも常備されていることが望ましい。これについては、すでにⅠ章四節6項「やたら書かせよ」に概略を述べたので、重ねて述べることはしない。そちらを参照して戴きたい。

6 基礎を教える――堅実化

作文を書かせていく上で欠くことのできない表記上、表現上のいくつかの指導事項がある。

句読点の打ち方、「 」の使い方、段落の作り方、原稿用紙の使い方、表記上のルール、常体と敬体との混同をしないこと、会話のとり入れ方、主述の照応の問題、上手な表現と下手な表現、詳しい書き表し方と大雑把な書き表し方との違い等々である。

私は、本書ではこれらの指導法について触れていないのだが、むろんそれらを指導しないわけではない。子どもの書いた作文の一節をとりあげて説明したり、作文を初めて書かせるときにはあらかじめ作文用紙の使い方についての指導をしたりする。かなり徹底して指導する。

しかし、それらについては他の作文指導の本にも多く書かれている。重複を避ける意味であえて触れないことにしたのだが、それらについての指導を軽んじたり、無視したりしているわけではない。

これらの基礎・基本にかかわることの指導を確かにしたうえでこそ、先に述べた提言や極意が生きてくるのである。念のため、一言付け加えておきたい。

Ⅲ　吹きとばせ！　作文コンプレックス

「作文」と聞いただけで「嫌だなあ」と拒否反応を起こす子どもがある。そういう子どもは、多くの場合作文についてさまざまのコンプレックスを抱いていることが多い。

・書くことがない。
・書けない。
・いつも「早く書け」と急がされる。
・「だめだ」「短い」「長く書け」と言われ続けてきた。
・作文ではほめられたことがない。

これらのマイナス体験しかない子どもたちに、目の醒めるようなプラス体験を与えてやろう。「俺にも書ける！」と思わせてやろう。

人間万事、逃げ腰になってはおしまいだ。自信と希望と勇気を持たせることこそが肝腎だ。そういう元気の出る作文指導法をここでは三つ紹介する。

1　いくらでも書ける「取材」の指導――教師が代わって取材する――

作文が書けない子は、書き始めでもうつまずいてしまう。「書くこと」がないので書き始められないのである。そういう子どもは、いつまでたっても「書くこと」が見つからないので、どんどん時間を空費してしまう。

・何でもいいから書いてごらん。
・ほかの人はどんどん書いていますよ。
・何も感じないということはないでしょう。
・何か心に残っていることないの。
・早く見つけなさい。

こんなことをいくら言われても、書けない子にとっては一向書く種は見つからないのである。考えてみれば、これらは「指導」ではない。「指示」であり、「命令」であり、単に「活動」を促しているだけである。だから書けないのである。書けるように「指導」をしなければ、書けるようにはならない。

では、どうすればよいか。例えば、子どもに取材をさせないで、

教師が取材をしてやる

ようにすればよいのである。

作文を書く力に自信を持たせるには、要するに「どんどん書けた」「たくさん書けた」という体験を持たせることが最上なのである。

水に浮けたとき、初めて「泳げた！」と思うのである。水に入ろうとしない子には、永久に「泳げた！」という実感は味わえない。作文も同じである。とにかく「書けた！」と思わせること、実感させることが先決なのである。

たとえば、次のような「取材」を教師が示してやればよいのである。そうすれば子どもは「何を書こうか」などと悩むことはなくなる。そして、びっくりするほど書けるようになる。ぐんぐん書き始めるようになる。

・自分が「これは大事なものだ。私の宝物だ。」と思っているものを五つ書いてごらん。——と言ってノートに書かせる。時間は一分間ぐらいに限るとよい。例をあげるなどして、意欲をかきたてて書かせる。
・その中で「特にこれは大事だ、と思うものを一つ選んで○をつけなさい。」——と指示する。その後で言う。
・今度は、そのものになったつもりで作文を書いてみましょう。「ぼくは、サッカーボールです。」という具合に書き始めるんだよ。あるいは、「私は花柄のハンカチです。」なんてのを書く人もいるだろうね。それもおもしろい。
・とにかく、自分が思っていることじゃないんだよ。サッカーボールやハンカチが考えていること、言いたいことを、そのものになりきって書いてみようというわけだ。
・第一行めは、「僕はサッカーボールです。」「私はハンカチです。」という具合に書き始めるんだよ。

こう言えば、どの子も「わあっ、おもしろそうだ！」と言うこと請合いである。中には、

「本当のことでなくてもいいの？」

などと、おずおず尋ねる子どもも出てくる。そんなときには、次のように答えてやろう。

・いいさ、いいさ。どうせ本当のことなんて誰にもわかりやしないもの。うそでも、でたらめでも何でもいいの。そのものになりきったつもりで、勝手なことを書けばいいのさ。

この一言で子どもたちはずっと気楽になれるのである。ぐっと自由になれるのである。また、一段と書く気が出てくるのである。

・本当のことを書きなさい。
・嘘を書いてはいけません。
・よく思い出してその通りに書きなさい。

こういうことでばかり抑えられてきた子どもたちにとって、「嘘でも、でたらめでもよい」などということばは、何と魅惑に満ちていることであろうか。それだけでも「わあい」と喜んでしまう。この実践例については後の項目で改めて紹介することにしよう。

要するに、取材力の乏しい子どもに対しては教師が代わってその取材をしてやるのである。「ああ、それを書けばいいのか」「ああ、それなら書ける」と思わせられれば、子どもというものは意外にすらすら書いていくものである。

逆に、取材の段階でつまずかせれば、子どもは一向に作文を書こうとはしなくなるのである。

2　これならできる「構想」の指導

構想の指導には、次の二つが含まれる。

> ・書くことがらの取捨、選択
> ・ことがらの効果的配列

構想の指導を怠ると、できあがった作文の主題が不明確になったり、山場のないだらだらした文章になったり、面白味のない文章になったりする。

そこで、構想の指導にはかなり念を入れるということがなされている。多くの場合、その指導には、「短冊」が用いられる。書きたいことがらを書いた短冊と、そうでない短冊とを選り分け、さらに書きたいことがらを記した短冊を前後させて、記述の順序を検討させるというのが一般にとられている方法である。

私も、そのような指導をかなり実践してきたのだが、今は、ほとんどしていない。理由は、構想指導が必要な作文というのは、かなりの長文とか、論文とかという場合に限られるのであって、教室で授業時間に書き上げさせるほどの長さのものであるならば、さほど必要性がないと考えるようになったことにある。

そのように考えるようになったのは、私の作文指導に対する経験からであるが、実はその私にも、尊敬する二人の先輩から言われた次の言葉が、私の心をゆさぶったからでもある。

・原稿用紙に十枚も、二十枚も書かせるのならば構想指導も必要になるかも知れないが、たかだか、二、三枚から七、八枚の長さならば、事改めて「構想」だなどと考えないで、一気に書けなくてはいけない。手紙などを書くときに、いちいち構想を立てなければ書けないようでは、本当の作文力がついていることにはならないだろう。

・読書感想文の指導では、感じたままを一気に書かせる方がよいものが書ける、というデータがある。取材だ、構想だ、と時間をかけてひねくり回しているうちに、本当の感動が薄らいでしまうかららしい。

この二つの考え方は、いずれもよく分かる。私の経験から言っても、詩を書かせる場合など、確かに「推敲」などさせない方がよさそうである。推敲をさせればさせるほど最初の迫力が薄らいで陳腐なものになっていきやすい。そういう体験が、私にもあるのである。

思ったとおり、感じたとおりに、荒っぽく一気に書かせる方がよいものが生まれる。また、一度できたら、あまりいじらせない方がむしろよさそうにも思われるのである。

では、構想指導は不要かというと、そうではない。不要ではないのである。しかし、形式的な指導は不要だ、ということである。

「一気に書く」「自由に書く」「好きなように書く」「思ったとおりに書く」というのは、決して「構想がない」のではなく、やはり、それなりの「構想はある」のである。

強烈な自覚や、ことさらのこだわりはなくても、やはり文章を書く以上、それに必要な構想はあるのである。このような構想を、仮に「潜在構想」と呼び、あれこれ吟味したり、修正したりして立てる構想を「顕在構想」と呼んでみることにしよう。

このような呼び方をしてみると、先にあげた二人の先輩の考え方は「潜在構想を大切にせよ」という考え方になる。文章の長短や性格を考えに入れず、何でもかんでも「顕在構想」化して吟味しなければならないというワンパターンを戒めた言葉とも解釈できる。

作文指導の授業と言えば、必ずと言ってよいくらい「構想指導」が展開される。あたかも、どうしてもやらなくてはいけない「儀式」ででもあるかのようにである。自分の実践を内省的にふり返ることをしないで、形だけ真似るような実践はまことに実りに乏しい。それは、私の最も忌むところである。

では、私は構想指導をどのように進めているか。

私は、先に述べたような通常行われている短冊などを用いた構想指導はほとんど行わない。

そのかわり、「主題文」というのを書かせることがある。「主題文」というのは、自分がその作文で「書いてみたい」「書きたい」と思っていることを一文に書き表したものである。例えば、次のようなものがその例である。

・きのう、初めて氷すべりをしてとても楽しかった。
・とうとう戦艦ヤマトのプラモデルが完成した。とても上手にできた。
・私の家のインコはとってもかわいい。
・五十メートルの平泳ぎで三位になれて、とてもうれしかった。
・算数のテストで生まれて初めて百点をとってお母さんにほめられた。わあい。
・…………

このような「主題文」を書かせることは、自分がこれから書こうとする作文の主題を明確に自覚することに役立つのである。主題を明確に自覚して文章を綴るということは極めて大切なことで、その点さえ押さえられているならば、作文としてはほぼ合格と見なしてもよい。

ただし、主題文そのものは吟味させた方がよい。次のような書き方ではいずれも不合格である。このような書き方では、書き手の「主題」は明確に自覚されていることにはならないのである。主題意識が絞りこまれていないから、できあがった作文が主題の不明確な迫力に乏しいものになってしまうのである。

・五十メートル平泳ぎ
・五十メートル平泳ぎで三位になった
・算数のテストで百点をとった

・算数のテストで百点をとったこと
・…………

これらは「題材」である。「できごと」ではあるが、「主題」ではない。「主題」というのは「ぎりぎりに絞りこまれた書きたいこと」「書きたい胸の内」である。そこまで、具体的に自覚させておかないと、「一気に」は書けない。途中で書くことが分からなくなって天井を見つめたりするようになってしまうことになる。

また、私は「作文の題名は長く書きなさい」という指導をよくする。時には、二行、三行にわたることがあってもよい、とも言う。つまり、「主題文」そのものを、作文の題名にさせるのである。そうすることによって、書こうとする内容が絞られ、整理されることになるのである。

近ごろ、本の題名にもかなり長いものが出てきている。

・「話せない子、話さない子の指導」
・「国語の授業が楽しくなる」
・「分析批評で国語科授業は変わった」
・「役に立つ教育論文の書き方」
・「跳び箱は誰でも跳ばせられる」

これらは、要するに「主題文」である。こういうものを表立たせることによって、主題も、構想も、構成も方向づけられ、整理されることになるのである。

私の「構想指導」は、大方このようなところで進められている。むろん、それがすべてではない。本格的に構想指導をすることもある。しかし、それは又別の機会に述べることにする。ここでは、「吹きとばせ！　作文コンプレックス」の章にふさわしいことだけに絞っておきたいからである。

3　らくらく書ける「叙述」の指導――雑多な要求をしない――

書くという作業も、できるだけ子どもたちが楽にできるようにしてやりたい。「書くのが面倒だ」と思っている子どもは意外に多いものだからである。

私たち教師は、とかく、いつ、どんな時でも子どもたちにいろいろの注文をつけ過ぎがちである。作文の、取材の段階でも構想の段階でもあれこれと注文をつける。その上でいよいよ「叙述」という段階に至れば、ここでも次のような注文をつけはしないか。

- よい姿勢で書きなさい。
- 文字はていねいに書きなさい。
- なるべく漢字をたくさん使いなさい。
- 分からない文字は調べなさい。
- 誤字を書いてはいけません。
- 送りがなにも十分気をつけるんですよ。
- 間違いがないかどうか気をつけなさい。
- 意味がよく通るかどうか、必ず読み返してみましょう。

・「　」とか、、や。を正しくつけましょう。
・段落を作ることを忘れないでね。
・…………

注文は、いくらでも出てくるのである。こんなにいろいろのことを言われながら、それらをこなしていこうとするのは、子どもにとってはかなり重荷である。こんなにいろいろのことを注文されながら、しかも、作文を書くのが好きだ、などという子どもは、滅多にいないであろう。こんなにいろいろのことを満足させながら書かなくてはいけないとしたら、大方の子どもは作文嫌いになってしまうに違いない。それは当然のことである。そして、現実は、どうやらそのような状況に近い。

そこで、思い切った改善策を講じてみたらどうか。例えば、次のように子どもに言うのである。

さあ、いよいよ、お待ちかねの作文を書く段階になった。書きたいように、思いっきり書いてみることにしよう。

丁寧に書かなくてはいけないとか、漢字を使わなくてはいけないとか、ということを、あまり気にしないで、とにかくこの時間は、ぐんぐん、どんどん、びゅんびゅん、一気に書くことにしよう。

五枚でも、十枚でも、ばりばり書いていく、そういう時間にしよう。

では、始めることにしましょう。

子どもたちは、かなり肩の荷を軽くすることになる。気楽に、楽しんで書けるようになる。どうして、こういう「書くことの楽しみ」について、もっと早く着目しなかったのかと、私は、長い自分の実践をふり返って悔いる思いである。

作文というのは、文を綴って思想をまとめ、あるいはそれを伝えられる形にすることに目的がある。作文は、漢字書き取りのテストではないし、書写の授業でもないし、言語事項の指導の場でもない。「文を綴って思想をまとめる」こと、そのことに徹すればよい。それが作文指導である。

本来の作文指導外のことにいろいろと目を配りすぎるので肝腎の作文力が高まらないし、作文嫌いの子どもを育ててしまうのである。これでは、明らかに本末転倒である。

ところで、そのようなことに気づいてからの私は、子どもに「叙述」の段階でのあれこれの注文を取り払い、専ら作文を綴ることとそのことに子どもたちを熱中させることにしたのである。その結果はどうなったか。

子どもたちの文字は、急に乱暴になったか。、や。が不正確になったか。段落を無視する子どもが増えたか。あるいは、極端にひらがなばかりの作文を書く子が増えたか――。

そうはならないのである。ほとんど、小うるさい注文を出していた頃と変わりはないのである。そして、唯一明らかに違ったことは、子どもらが作文を書くスピードもその量も飛躍的に高まったことである。

つまり、私はこれらの実践を通して、次のようなことを実感するに至ったのである。

・あれこれ、うるさい注文を出しても、子どもはそれに従うわけではない。

・それらは、おおむね、子どもの作文嫌いを助長することにしか役立たない。
・子どもは、夢中になって作文を書くとき、それなりに漢字を使い、正しい表記に従おうとする。
・わざと文字を乱暴に書いたり、あえて漢字を使わなかったり、わざわざ段落を無視して作文を書いたりする子はいない。
・あれこれと、叙述の段階で出していた教師の注文は、教師の気休めであり、子どもにとっては邪魔な騒音に過ぎなかったとさえ思われる。

むろん、このように指導したために結果として、子どもたちの作文に誤記、誤字、脱字、段落無視などが増えてきたのではよろしくない。漢字の多用、正しい表記法、効果的表記法などに心がけさせることはそれぞれ大切なことである。それらを無視したり、軽視したりしてよいと言っているのではない。

大切なことは、「叙述」という、子どもたちにとって、最も、嬉しく、楽しみな表現段階に至って、その子どもたちの前向きの積極性に水をかけるようなことをしてはいけない、という点である。

また、叙述の段階に入ったら、是非とも隣の子ども同士の席を離した方がよい。作文はもともと「孤独な作業」なのである。たったひとりになれない限り、決してよい作文は生まれはしない。これもまた指導のポイントである。

4　ほどほどでよい「推敲」の指導——礼儀、マナーとしての「見直し」のすすめ——

一般的な言い方をすれば、「推敲」というのはかなり高度の力を必要とする。よほど優秀な子どもでない限り、小学生には無理と言ってもよい仕事だとさえ私は考えている。

誰でも、わざといいかげんに文章を綴るということをするものではない。やはり、そのときの自分の力いっぱいで文章というものは綴られるものである。文章というものは、そもそも自分の力を総動員しなければ、書けないものなのである。その文章を綴ってから、せめて七日、十日と日をおくならば、読み返したときに、あるいは不備、不十分、不満といったところを発見することもできようが、書き終えたとたんに、その文章をよりよくすべく推敲するということはそうたやすくできるものではない。

大人ならばできるかも知れないが、子どもに大人と同じことを要求するのは無理だ。実際、詩を書かせた場合や、読書感想文を書かせた場合なども、いわゆる「推敲」を念入りにさせると、かえって初作よりも悪くなってしまうことが間々あった。多少は表現の体裁などよくなりはするものの、迫力、アッピール、生々しさ、という点で腰くだけになってしまう弊が生ずる。

不体裁でも、不行届きでも、荒々しい初作の方がずっと作品としておもしろい、ということを、私はしばしば経験してきた。

では、推敲はさせなくてよいか、というとそうとまでは言えない。小学生の作文は、教師に読まれることを前提として書かれるのが一般である。そうであるならば、読み手である教師への礼儀としての「推敲」が必要である。その意味での「読み直し」「読み返し」は必要だ。誰にも「うっかり」ということはある。文章にせよ、文字にせよ、符号にせよ、必ずしも初めからすべてが正しくつけられているわけではない。それらを点検することはむろん大切なことである。

しかし、読み直しも、読み返しも、「完璧」にはできるわけではない。見落とし、見過ごし、見流しは残念ながら存在する。それらのいちいちに目くじら立てて、「これで本当に読み直したのか」などと詰問するのは、必ずしも得策ではない。

なぜなら、さっき書いた「目」と、読み直している今の自分の「目」とは、ほとんど変わってはいないからなのだ。さっき見落としたことは、今だって見落とすわけだ。さっき見過ごしたものは、今だって見過ごしやすいのだ。このように本人による推敲には限度があるのである。私が、「ほどほどでよい推敲の指導」と言うのは、そういう意味なのである。


作文の力というのは、本書の最初にも述べたように国語学力の総結集、総決算である。だからこそ、完璧で非のうちどころのない文章を書くということは、大変に高度な、困難なことなのである。

ここに思いを致すならば、小学生の作文教室が、その段階ですでに「完璧」を目指すことの不合理に気づかれるであろう。小学生の作文は「非のうちどころのない作文」を書かせることを狙うのではなく、むしろ「楽しんでいっぱい書く」というところに狙いを定めて指導すべきものであると私は考えるのである。

第二部　元気が出る作文初級レッスン

Ⅰ　手ほどきばっちり！　初級第一レッスン

いわゆる入門期の作文指導は、子どもたちが感じたこと、考えたことを発表し、教師がそれを黒板に書きとめ、それを子どもたちがノートに写すという「口頭作文」で始められるのが普通である。それは、それなりに入門に適したすぐれた方法であるが、あまりに一般的な手法として知られており、その解説はどこの指導書にもなされているので、あえて本書ではとりあげない。

ここに紹介するものは、私の教室での実践例である。多くの教室で試み、実践されるよう期待する。

1　先生、あのね

どの教科書にもとられている入門期の作文指導の代表的な方法である。まず、作品を紹介する。

①　先生、あのね、うしのおっぱいをしぼったよ。おっぱいは、ざらざらしていたけど、あたたかかった

よ。
②　先生、あのね、すごい雨だったよ。はっぱに雨がぶつかると、ピキピキってとがして、いきているみたいだよ。
③　先生、あのね、あぶりだしをやったら、ちゃいろになって、わたあめのにおいがしたよ。
④　先生、あのね、わゴムをピンとはってはじくと、ビュン、ビュンってなるよ。そして、なんぼんにもみえるよ。
⑤　先生、あのね、石っていろいろなおとが出せるよ。かえるのなきごえやもっきんのようなおともするんだよ。

一年生の作品は、どれもこれも可愛らしい。

一見、とるに足らないような小さなもの、些細なこと、何でもないようなことに、小さな瞳を輝かして、くい入るように見つめ、感動する。そのナイーブな心の戦《おのの》きは、大人の我々にはすでに失われてしまって久しい。

大人の我々が、子どものさりげない作品に強く心を打たれるのは、失われたものへのノスタルジアをかきたてられる故かも知れない。

指導に当たってのポイントをいくつか挙げてみよう。

① 驚いたこと、感心したことを書こう

・へえ、こんなことがあるのか。
・なるほどなあ。
・おもしろいなあ。
・うまくできてるなあ。

このように感じられることをできるだけたくさん見つけて書かせるようにする。

② 新しく、自分が見つけたこと、考えたことを書こう

・こんなこと見つけたよ。
・この発見はぼくだけのものだろう。
・……だったらおもしろいのになあ。

このような個性的な感じ方や独自の発見をさせる。できれば、例文、たとえば、前出の③、⑤などを示してやるとよい。

③ 疑問や仮定、あるいは夢を書こう

・どうして○○は、○○なのだろう。
・なぜ○○は、○○ではないのかしら。
・ああ、○○が、○○だったらいいのになあ。
・もし、○○だったら、○○なのになあ。

子どもの心の底にあるものを掘り起こし、自由に書かせてみる。深層願望、潜在願望などが、掘り起こされることがあっておもしろい。

④　たくさん書こう

書かせれば書かせるほどよい。やたら書かせるのがよい。書かせれば、書かせるほど発見も、疑問も、思索も増えていく。そして、豊かな感性も育っていく。

一枚の紙にたくさん書かせるのでなく、Ｂ５判の紙を縦四截にした短冊一枚に一つの文を書かせるようにする。書けば書くほど枚数がたまっていく。子どもらは枚数が増えていくことを喜ぶものである。

たくさんたまった中から、この一枚は、あるいは、この二枚はというものを親と相談して選ばせるようにするとさらによい。そういうようにして選ばれた作品は、まさに「珠玉」である。それらを集めて文集にすれば、質の高い文集ができる。

本来の文集は「俄《にわ》か作り」ではなく、数ある作品の中から佳作を選りすぐった「珠玉集」であるべきなのである。

⑤　よい作品をほめる

ほめられることほど子どもにとって嬉しいことはない。また、励みになることはない。

大いにほめてやることが大切だ。多少の難点には目をつむった方がいい。少しぐらいの文のねじれは直して読んでやればいい。誤字や脱字も、教師が補って紹介してやる方がよい。とにかく、やたらほめまくって、子どもに、成就感、成功感、満足感を存分に味わわせてやることが大切である。

- いいなあ、すごい発見だ。
- いい目をしてるねえ。目が澄んでるよ。

・いい耳だ。こんな音まで聞こえたの？
・すごいねえ。聞こえない声まで聞こえちゃうんだもの。でも、本当は、朝顔もそう言っているんだね、きっと。
・うまいことばだねえ。「べれん、べれん」なんて、本当にあめがとけたみたいだね。
・珍しいことを見つけたね。いい目だ。
・先生には、とても気がつかないよ。でも光江さんは見つけたのね。先生の負けですね。
・…………

ほめことばはいくらでもある。子どもが、どんどん書きたくなって、短冊に次から次へと書いては持ってくるようになれば、入門期の作文指導としては大成功である。

添削とか、指導とかにあまりこだわらない方がよい。質よりも量をこなさせ、その量の中からよいものを選び出してはほめていく。そういう方式の方が子どもの作文力を伸ばすことになるのである。

2　あれ、あれ、はてな

「先生、あのね」の作品の中で、特に、発見、驚き、疑問をとり出して書かせる短作文である。科学的な物の見方や関心を育てるうえで効果を発揮する。

・あめを水に入れると、たきみたいにすうーっとながれて、まわりからとけていくんだよ。

・草ぶえをふくと、葉までゆれるんだよ。紙ぶえと同じだよ。草がふるえて音が出るからだよ。
・ビニルぶくろに空気をためて、水の中におしこもうとした。なかなか入らない。おもかった。
・はこの中のみの虫が、口と足で上手にはい上がってきたよ。海で見たヤドカリににていたよ。
・人形にコップをかぶせて、水の中にしずめたよ。でも、ぬれないんだよ。とてもふしぎだよ。
・みの虫は、かれ葉が大すき。みのから出すと、いそいでかれ葉をさがすよ。中にいたいんだね。
・石けんがとけたよ。白く、白くなってぐにゅぐにゅになったんだよ。さわるとぬるぬるしていたよ。

どれも、これも大人の我々にはなかなか書けないものである。何と子どもとはすばらしい感性を備えていることであろうか。

こんなすばらしい時代に、たくさんの作品を書かせておくことが大切だ。二度とない子どもの時代、そのときにしか書けない作品、それらは、そのとき書かせておかなければもう二度と生み出すことができないものなのだ。すでに大人になってしまった我々に、こういう作品を書かせようと思ってもそれは不可能である。であるからこそ、すばらしい子どもの時代に、その時代にしか綴れない宝のような作品を、存分に書かせておきたいのである。

大してむずかしい指導技術を必要とするわけではない。先に述べた「先生、あのね」の手法を、ほとんどそのまま用いればよいのである。大方はそれでうまくいく。

蛇足ながら、二つほどポイントを述べるならば、次のようなことになるであろうか。

①　体験を豊富にしよう

子どもの思考の特色は具体的、即物的という点にある。彼らは、対象に対して直接的に働きかけ、五感を通じて物事の認識を形成していく。

だから、外に連れ出したり、実際に飼育させたり、栽培させたりすることが大切になる。直接対象と触れ合い、出合うことによって初めて彼らの感性は瑞々しく躍動を始めるのである。

・土からよう虫を出した。出されてもすぐにもぐってしまう。せ中がなみのようにうごいた。

このような作品は、体験なくしては生まれてこないものである。どんな体験と出合わせるか。対象とどう出合わせるか。それがよい作品を生むポイントになるのである。

②　科学のめがね、作文のめがね

「心ここにあらざれば、見れども見えず。聞けども聞こえず」と言う。どんなに価値ある対象に出合おうとも、心が閉ざされていたのでは何も見えてはこない。

「何も感じないよ、先生。」

「何も見つからないよ、先生。」

と、白けたことを言う子もいる。

そういう子らにはどうしたらよいのか。

例文を示して、発見や、感動の追体験や練習をさせることがよい。

また、低学年の場合には「暗示」が効果を発揮する。暗示にかけてでも、実際に作れれば「ほら、できたじゃないか」とほめることができる。そこまで行けば、彼らもどんどん書き始めるようになる。次のようにする。

「ただ、見ていたって見えないさ。ほら、こうやって親指と人さし指でまるを作ってごらん。そう、そう。」

「これはねえ、『作文のめがね』なんだよ。このめがねでじいっと見てみるのさ。そうすると、今まで見えなかったものが見えてくるんだよ。」

「ほうら、あさがおの葉っぱにさ、今まで見えなかった、小さな小さな毛が生えているのが見えるでしょ。何のためにあるのかねえ、あの細かい毛は。」

・あさがおの葉っぱを作文のめがねで見たら、小さな毛がいっぱいはえていた。あんな毛はなんのやくにたつのだろう。

一つの作品を生み出せば、あとは堰を切ったように作り出す。ちょっとした指導の工夫で、作文嫌いが解消されていくことになる。「作文のめがねをかける」という暗示は、要するに、「こだわって見つめさせる」ということなのである。「こだわる」ことによって対象との徒ならぬかかわりが生まれてくるのである。

見過ごし、聞き流しという態度では何物も生まれはしない。見とがめ、聞きとがめさせるところから作品が生まれてくるのである。

3　絵ばなし作文

口頭作文という入門期の作文指導法がある。例えば、遠足に行ったことを思い出して、そのときの様子、会話、できごとなどをみんなで話し合い、それらの中から適当な文を選び出しながら教師が黒板に書きとめていく。それらを子どもたちがノートに写すというようにして短い簡単な作文の書き方を身につけていく方法である。

「絵ばなし作文」は、この方法の応用型である。次のようにして進める。

①　B6判の紙を配る

藁半紙を四截して二枚ずつ配り、下に名まえを書かせる。終わったら手を膝に置かせる。また、B5判の紙を二つ折りにして渡してもよい。

②　目をつむらせる

「これから、おもしろいお話の絵を見せます。」

「すごくおもしろい絵ですから、大切に見なくてはいけません。まず、心を落ちつけましょう。みんなそっと、目をつむりなさい。」

しんとした頃合いを見はからって、そっと掛図を黒板にかける。そして、ぐんと声を落として、そっと言う。

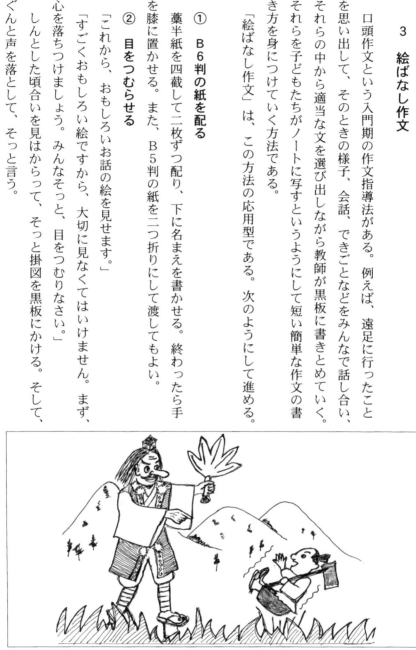

③　掛図を見せる

「……とても静かになりましたね。では、そうっと目をあけてごらんなさい……。」

子どもたちの前には、掛図が出されている。

「あ、天狗だ。」

「でっかいねえ、あの天狗。」

「このお話知ってるよ。」

などという声が聞かれる。暫くはそのまま言わせておいてから、

「さあ、これから、みんなでお話を作っていこうね。」

と言う。「作文」などとはいわなくていい。

> 天狗はお百姓に何て言ってるのでしょう。

と、まず問うてみよう。そして、天狗のことばをB６判の紙に書かせるのがよい。ここのところが大切である。

④　天狗のことばを書かせる

「天狗の言ったとおりのことばで書いてみよう。」と言うとよい。書けない子どもには、机間巡視で指導を加えるようにする。

> ・おまえをたべてしまうぞ。

・とおっちゃいかん。
・ここは、おれの山だぞ。

などといういろいろのことばが書かれている。列指名によって天狗になったつもりで読ませると、一段と活気づいてくる。「とてもよく書けている」「とてもおもしろい」と、それらを大いにほめてから次のように言う。

⑤ 「　」で囲ませ、。も打たせる

「天狗の言ったことばですから、かぎをつけましょう。」「また、文の終わりに。をつけます。」と言って、

「おまえをたべてしまうぞ。」

というように書き表し方（表記法）を板書で示す。そして、子どもたちの書いたものに正しくかぎと句点をつけさせるのである。机間巡視によって、どの子もすべてできているかどうかを確かめることが必要である。

⑥ 百姓のことばを書かせる

「では、お百姓さんは何て言っているのでしょう。さっきの、自分の書いた天狗のことばに合わせて書いてごらんなさい。」

と指示する。後の指導は、天狗の場合と同様に進める。

⑦ 前後に説明のことばをつけさせる

「すてきなことばができましたね。とてもおもしろいお話になりそうです。」

と、大いにほめておいてから次のように言う。

言ったことばだけでは、お話としては少し淋しいので、ことばの前や後に、説明も加えてみましょう。例えば、光夫君のお話は、次のようにすればずっと本物のお話らしくなりますよ。

そして、傍線部のことばを書き加えて見せる。

てんぐが、大ごえで
「おまえはだれだ。ここは、おれさまの山だぞ。」

と、いいました。

おひゃくしょうは、

「それじゃ、こんどからこの山にはきません。」

と、いいました。


こうして、とにかく、まとまりのある話が一つできあがる。このように例を示せば、一年生でも、二年生でも、一人ひとり様々なお話を作り出すことができる。

⑧　子どもの作った絵話の例

「長いお話にしてもいいですよ。ただし、この絵に合うお話でなくてはいけません。」

と言えば、かなり長い話を作る子も出てくる。

てんぐが、

「おまえをたべてやるぞ、こい。」

と、いいました。

おひゃくしょうさんは、

「こ、ころすのはおやめください。」

と、いいました。

てんぐが、

「おまえをころしてやるぞ。」

と、いいました。

おひゃくしょうさんが、

「わー、たすけてー。」

と、いいました。


むかし、あるところにひとりぐらしのおひゃくしょうがすんでいました。

おひゃくしょうさんは、山へ木をきりにいきました。

木をきりおわったのでかえろうとしました。すると、目のまえにてんぐがたっておりました。

てんぐが、

「おまえは、だれだ。」

とききました。

おひゃくしょうさんは、

「おひゃくしょうです。」

と、いいました。

おひゃくしょうさんも、

「あなたは、だれですか。」

とききました。てんぐは、

「わしは、てんぐさまだぞ。」

と、いいました。


なかなかおもしろいものができている。一人ひとりの子どもが、決して同じものを書かないからおもしろい。少しずつは、それぞれに異なり、それらはやはりその子その子の個性を反映しているということができる。

⑨　さし絵もかかせてみる

「とても楽しいお話ができたから、今度はすてきなさし絵をかいてみよう。」

と、言えば子どもは大喜び、早速もう一枚のＢ６判の紙にかきはじめる。これを、さっきの作文の脇に合わせれば、見開きの絵話ができあがる。このようにして、作品化してやると、子どもたちには大いに励みとなるのである。

子どもたちのかいた絵を示してみよう。表情も、姿形も、なかなかよくかけていてほほえましい。

⑩　絵話作文の応用

「書くことがない」という子どもにとって、絵話作文は特に喜ばれる。書く種が示されているからである。

掛図でなくてもよい。絵本のあるページを見開きで見せてもよいし、ドリルブックの表紙を使ってもよい。紙芝居の一枚を使ってもよいし、教師自作の絵を示してやってもよい。

4 「猫と庄造と二人のおんな」

絵話作文で味をしめると、子どもたちは、お話づくりに興味を持ってくる。まったく自由に創作話を作らせるのもよいのだが、

「何でもいいから、自分で好きなお話を作ってごらん」

というのでは、子どもはかえって何を書いたらよいかわからないものである。

そこで、橋渡しとして次のような指示をする。

ヒントが適切であり、子どもたちの表現意欲を刺激すれば、彼らは中々おもしろいものを生み出すものである。

> 今日は、みんなで作り話を書いてみましょう。いくつかのヒントを出しますから、なるべくそれを守って書いてみてください。ヒントを守りさえすれば、あとは、好き勝手に、自由にお話を作ってよいのです。

子どもたちは「好き勝手」「自由でよい」ということばで目を輝かす。

① 登場人物を決める

> 第一は、お話に出てくる人物、登場人物を決めます。この人物を登場させてお話を作らなくてはいけません。

と、言って次のように板書する。一つ一つ、ゆっくりと、そして、猫を最後に書くのがこつである。「猫」で子どもたちは期待感を高めるのである。

・男の人
・女の人二人
・猫

そして次のように、説明する。

男の人、女の人の年齢、仕事などは自由に決めてください。大人でも子どもでもいいです。猫も、どんな猫にしてもいいですよ。

② テーマを持たせる

人物を決めただけでは、とりとめのない作文になる恐れがある。そこで次のように言う。

お話には「テーマ」が必要です。テーマのないお話は、読んでもおもしろくありません。そこで、例えば、次のようなテーマを決めてお話を作ることにしましょう。

・悲しい話　・感心な話　・不気味な話　・こわい話　・おかしい話　・明るい話

・かわいそうな話　・楽しい話　・どきどきする話　・寒い話　・残酷な話　・強い話
・…………

そして、このテーマをそのまま作文の題名にさせるとよい。そうすると、常にテーマを意識して書くようになり、まとまりのある話が生まれることになる。

③　接続語を指定する

登場人物と、テーマが指定されれば、もはや十分に子どもの構想は立てられるのだが、もうひとつ欲ばって、次のような指示を加えてみることにした。

接続語を予め提示することによって、あるいは筋運びがしやすくなりはしないかということと、一連のストーリーの中で、それらのことばが的確に生かしきれるものかどうかを調べてもみたいと思ったからである。

さらにもう一つの注文を出します。作文の中で、次のことばを必ず使ってください。順序はどうでも構いません。また、何回使っても結構です。ただし、どのことばも少なくとも必ず一回は使うというのが約束です。いいですか。

と言って、次のことばを板書する。

・しかし

・やがて
・それから
・すると
・とつぜん

これらのことばの選定に、特別の意味や狙いがあるわけではない。「しかし」を入れれば、どこかで逆転の事件を作らなければならないので筋の単調さが破られるだろうと考えたことと、「とつぜん」というような副詞を用いることによって、どこかに緊迫感を生めたらと考えただけのことである。

また、登場人物の選定にも特別の意図があるわけではない。谷崎潤一郎、五十歳の作品「猫と庄造と二人のおんな」をふと頭に思いうかべたからに過ぎない。この辺は、いわば思いつきであり、あまり胸を張れる態度ではない。

④　子どもの作文例

かわったはなし

二の二　杉森　由美

ある日、女の子が道を歩いていると、猫が出てきました。

しかし、その猫はにげようとしないで、女の子のまねをしながらついてきました。

猫は、女の子の家までついてきました。

それから、二、三時間たちました。買い物に出かけていたお母さんが帰ってきました。猫は、まだ女の子の家にいます。こんどは、お母さんのまねをしました。

やがて夜になって、お父さんが帰ってきました。こんどはお父さんのまねをしました。

お母さんも、お父さんも、女の子も、まねをする猫がおもしろくなって家でかうことにしました。

猫は、毎日まねをしました。

その猫に、タマという名まえをつけました。猫をかってから一か月がたちました。

すると、猫はねずみをつかまえるようになりました。いい猫なので毎日かわいがりました。

ある時、お父さんとお母さんと女の子が車で出かけて、一時間たってかえってきました。

猫が、ひなたぼっこをしていい気持ちにねているので、安心してみんなでこたつに入っていると、とつぜん猫がにげ出したのです。

女の子がおいかけても、もうまにあいませんでした。


（おわり）

何のことはないお話であるが、どことなくとぼけていておもしろい。「かわった話」という題名が妙によく似合っている。

かわいそうな話

二の二　渋江　幸

あるところに、お父さんとお母さんと女の子のミキ、猫のミーがすんでいました。みんなは、楽しくくらしていました。

それから少したった夜、ミキがはっととびおきました。

すると、ミーがいません。どうしたことでしょう。

ミキは、かいだんをおり、下のへやまできました。しかし、ミーはいません。あっちこっちさがしました。

やがて、よがあけてしまいました。まだミーは帰ってきません。

それから、お父さんもお母さんもおきてきました。

ところが、こんどはミキがいません。

お父さんとお母さんはびっくりです。

何がおきたのかわかりません。

ミキは、ミーをさがすのに山のおくのおくへ進んでいきました。

こんどは、だれがいなくなるのかわかりません。お父さんか、お母さんがいなくなるのでしょうか。

二人は、びくびく、びくびくしながら戸をしめたり、まどをしめたり、うちの中でうずくまって家をまもっていました。

すると、むこうの山からミーの鳴き声がしてきました。お父さんとお母さんはもっとこわくなりました。

すると、ドアをトントン、トントン、トントン、ニャーオ。二人は、こわいけど、おそるおそるドアをあけてみました。そこにはミーがいました。

お父さんとお母さんが、

「ミキはどこ?」

「ミキはどこにいるの、おしえてちょーだい、ミー。」

と、いっしょうけんめいたのみましたが、ミーにはことばが通じません。

しかし、ミーは二人のことがよくわかりました。

ミーは、どうぶつですけど、とってもやさしい猫ですから、ミキがしんぱいになってきたみたいです。ミーは、今、こう思っていました。「また、ミキちゃんといっしょに、ボールをころがしたり、みんなと楽しくくらしたい。」

そのころ、ミキは、ふかい、ふかーい森の中で何もたべずに、ミーが家にかえっているのもしらずに、いっしょうけんめいミーをさがしまわっていたのでした。

また、くらい夕方になってきました。

ミキは、もう体もあしもくたくたで、死にそうでしたが、あの、かわいい、かわいいミーをおいていくわけにはいきません。また、どんどん、どんどん山のおくに入っていきました。

ミキは、ねむくなったので、そのすぐまえの石の上にすわってねむりました。

よがあけました。ミキはあるいてミーをさがしつづけます。

そのとき、むこうの方からニャーオと鳴き声がしました。

ミキは、「ミーだ」と、かけだしました。

すると、そこにはふかーい、ふかーいあながあって、足がすべって、とうとうあなの中にミキはすべりおとされてしまったのでした。

まだ、ミキはいるのでしょうか。それは、ひみつにしてあります。

ほんとにどうしたのでしょう。

また、さっきのなきごえはなんだったのでしょうか。それは、だれにもわからないのでした。

ちょっとスリラーじみているが、二年生にしては中々迫力のあるものが書けている。また、接続語もうまく使いこなしてあってよい。

このようなおもしろい作文が書けるのも、それは要するに教師の側からの、記述前の投げかけ方がよかったからである。書いてみたい、おもしろそうだ、と子どもに思わせられれば、作文指導は七割方の成功とみなしてもよいだろう。

また、どんなに入念な指導をしたにしても、子どもの書く意欲を刺激し得ないならば、結局は作文指導としては失敗であるということにもなる。

魅力のあるテーマをどう与えるか、そういうネタをどう開発していくか、そこのところが作文指導、とりわけ初級レベルでは大切になってくるのである。

5　お話作文

これも、絵話作文の応用、発展である。従ってごく簡単に指導の方法を述べることにする。

①　導入――ここが肝腎である

「これから一枚の絵を見せます。この絵を見て、おもしろいお話を作ってください。どんなおもしろいお話ができるか、先生は楽しみにしていますよ。」

子どもの好奇心を十分に高めてから絵を提示する。静かに、そうっと見せることが大切である。吸い込まれるように、食い入るように子どもを絵に惹きつけられれば大成功である。

② 絵の提示と説明――これも大切である

「さあ、どんなお話ができそうでしょうか。少し、みんなの考えをゆさぶってみようかな。――あのねえ――。」

と言って、次のようなことを話してやる。

・このおばさんは、恐ろしい山姥かも知れませんよ。
・それから、この男の人は、ひょっとすると、大泥棒かも知れません。
・あるいは、この馬は、本当は狸であるのかも知れないよ。
・そう言えば、この馬の目つきも、男の人の目つきも、ちょっと怖くない？
・あるいは、全然そうではなく、この男の人は親切で心のやさしい人かも知れない。
・このお婆さんは、へとへとに疲れているのかも知れませんよ。

・それから、このおじぞう様は何を考えているのかしらねえ。

「とにかく、好きなように自分でお話を考えてみてください。そして、それを先生に読ませてください。」

用いる絵は、絵本の、「ある部分」が便利である。何か、事件が始まりそうな雰囲気のあるものの方が、子どもにとってお話を作り易いと思われる。

絵を見せる時には、子どもを前の方に集めるとよい。説明し終えても、本は開いたまま子どもの目にいつでも触れられるようにしておく方が親切である。

③　子どもの作文例

しんだどろぼう

二の二　柴崎　和弘

むかし、むかし、大むかし、お百しょうが馬をぬすんできましたと。

とちゅうでばあさんに会いました。

「その馬はどうしたんじゃい。」

「かったのさ。」

「何りょうで。」

「三十りょうで。」

「うそばっかり。三十りょうじゃかえん。」

「なんでだ、ばあさん。」

「その馬は四十りょうはするはずじゃ。やっぱりおまえはどろぼうだろう。」

「ばれたらしょうがねえ。そうさ、おれさまはどろぼうだ。わしからのがれたやつは一人もいないのさ。しんでもらうぞ、ばあさん。」

「おまえをころせばちょうど百人めだ。」

「そんなことしてきたのかい。」

そのときでした。とつぜんじぞうさまのよだれかけから大ごえがしました。

「そんなに人をころしたのか。ゆるせんぞ。」

そして、とつぜんかみなりが落ちてきました。

「これでどろぼうはしんだな。」

と言ってじぞうさまはきえ、たちまちりゅうになって天にもどってしまいました。


子どもは、いくらでもおもしろい話を作り出す。子どもにとっては、こういう作文は決して「勉強」ではなく、一種の「遊び」なのである。おもしろがって遊んでいるうちに作文の力がいつの間にか身についていく、というような作文指導が、これからの新しい一つの方向ではないかと私は考えている。

とりわけ、初級の作文指導は書くことがおもしろくてたまらないというように仕向けることが大切である。おもしろいことは好きになる。好きになれば数を重ねる。数を重ねているうちに次第に力がついてくる。そういう指導の方向がこれからは注目されていくべきだと私は考えているのである。

Ⅱ　新ネタで勝負！　初級第二レッスン

子どもは「おもしろいこと」に夢中になるものである。おもしろくもないものには見向きもしない。それでいいのである。それが子どもの特権だとも言えるだろう。

作文指導でも、子どもの持つこの特権に目を注いでみたらどうであろう。子どもたちが目を輝かせながら書き進めていくような、そういう作文のネタを開発してみたい。

従来、ともすると、子どもが「喜んで書く」「おもしろがって書く」そういうところには目が注がれずに、子どもたちの将来にとって「必要なもの」「役に立つもの」というような、大人の観点からの題材ばかりが選択されてきた傾向はなかったか。

ここに紹介するのは、子どもの興味、関心を第一に考えて作文力を高めていこうとする試みである。これらをヒントにして新しい教材開発をそれぞれの教室で進めていって欲しい。

1　「なりきり作文」

①　「なりきり作文」とは

自分以外のものに「なりきって」書く作文である。

・ぼくは、サッカーボールです。

・私はフランス人形です。

・ぼくは、正男くんのまくらです。

というようなたぐいの作文である。

② 「なりきり作文」の特長

作文といえば生活作文、あるいは行事作文、というのがおおかたのきまり相場である。

かつて、生活が貧しく、物不足に悩んでいた時代には、生活自体の中に喜びや悲しみなどのドラマがあった。だが、今は豊かな時代の中にある。子どもたちは、暖衣と飽食の中で、生活への感動を失っている。今の子どもたちの生活作文や行事作文の中からよいものが生まれないのは、ある意味で当然だともいえる。

「なりきり作文」は、まず、ちょっと目先が変わっていて、おもしろい。子どもたちも「書いてみたい」と考える。

「なりきり作文」はフィクションである。なにを書いてもかまわない。思い出したり、整理したり、調べたりしなくてもよい。また、好き勝手に書きまくっても一向にさしつかえない。

取材、構想、叙述すべてにわたって、思いのままに書けるというところに、この作文の大きな魅力がある。

文例㈠

ぼくはサッカーボールです

二の三　江川　敏大

ぼくはサッカーボールです。

毎日ないていています。もう、二年も江川くんにけっとばされてぼろぼろです。江川くんは、毎日ぼくをけっとばしていじめます。

いつも、ぼくは、かべにあたって、かべくんにきらわれて、また江川くんのところへもどります。

江川くん、ぼくをいじめないで。いじわる。この二年間、いいことは一つもなかった。ほかのボールはだいじにされているのになあ。やっぱりいじわる江川くん。

こんど、一回でいいから、やさしくしてほしい。

あっ、ひとついいことがあった。かってくれるとき、

「これ、かって。」

と、ぼくをさしたとき、とってもうれしかった。

でも、そのときも、やっぱりいじわる江川くんだった。

「このボール、高いからやめた。」

と、いわれた。けど、けっきょくかってくれた。

かってくれないほうがよかった。

ああ、たすけて。


なかなかよく書けている。読んでいておもしろい。この作文は、導入指導の時間も含めて、一授業時間のあいだに書き終わらせている。四百字詰めの原稿用紙で一枚半、約六百字である。

文例(二)

ぼくは犬のコロです

二の三　田中　順子

ぼくはおこっています。

毎日順ちゃんのおにいちゃんがさんぽにつれていってくれるのはいいんだけど、となりの小学校よていい地にしかつれていってくれません。

毎日、くさりにつながれてまわりしかうごけない。もっと遠くにつれていってくれないのかなあ。

ぼく、もうこんなのやだよ。

遠くにつれていってくれれば、いろんなものや、いろんな道が見られるのになあ。


この作文は、日常の自分を犬のコロの目から見つめるということを促すことになっている。こういう心境に立つことも大切だ。

文例(三)

ぼくは、おもちゃです

二の三　桐村　真路

ぼくは、朝になるとあそばれます。分かいされたり、手に持たれたりします。

ときどき、あそんでもらえない時もあります。でも、大体の日にはあそんでもらえます。

あそんでいると、ときどき足がとれることもあります。でもすぐなおして、またあそんでくれます。うごかない時にはとりかえてくれたりします。

ぼくは、真路君のお気に入りなので、つくえの上におかれています。ぼくのなかまもいるけれど、はこの中にいます。

ぼくもはこの中にいたいなあと思いますが、気に入ってもらえてうれしいです。

③ この作文でねらうものは

まず、書くことを楽しむ、楽しみながら書く、ということである。そういう中で、たとえば、

- 順序をはっきりさせて書く
- 必要なことを選んで書く

というような力も、自然とつけられていくことになる。「よし、書くぞ」という興味をかきたてるためにも、この作文は格好の材料といえる。

④ 「なりきり作文」の書かせ方

次のような手順で進めればよい。

① 自分の好きな品物の名まえを、五つノートに書きなさい。
② その中で、「いちばん好きな品物」に丸をつけなさい。

③その品物が、「自分」を見ているつもりで、作文を書きなさい。次のようなテーマが考えられます。

・不平　・不満　・喜び　・悲しみ　・怒り　・希望　・不安　・お願い……

④テーマを一つにしぼって書きなさい。

たとえば、「不満」とか「お願い」とかいうように。

⑤そして、読む人にそのことが、ちゃんと伝わるように、「理由」や「できごと」を、きちんと書きなさい。

⑥文字をていねいに書くとか、漢字をなるべく使って書くなどということは考えないでいいですから、好きなように、どんどんスピードをあげて書きなさい。

2　返信「なりきり作文」

「なりきり作文」は、子どもには初めてのことだったので、たいへん興味をもって、ぐんぐん書いた。「書くことがない」「どうやって書いたらいいの」などという、とかくいつも出がちな質問も出なかった。

作品も、なかなかおもしろいものがたくさん生まれた。だいたいの作品が、持ち主、つまり本人への不平、不満、文句といったことを内容にしている点が共通していておもしろかった。

「なりきり作文」は、単に作文力を育てるだけでなく、つまりは、自分自身を客観的に観察するという思いがけない副産物を生み出すことにもなった。形を変えた「反省」が、結果的になされることになったのである。

そこで、その発展として、次の時間には、「なりきり作文」への返事を書かせてみることにした。これも、前回同様に、四十五分で完成させる約束である。

返事を書くのであるから、取材に苦労することはない。前時に書いた作文への返事を書くのであるから、構想だって簡単に考えられる。子どもたちは、すぐ、意欲的に書きはじめた。

文例(一)

ごめんなさい

二の三　江川　敏夫

ボールくんごめんね。こんどからは、たまにボールをけっとばすね。いたいと思うけど、がんばってね。だけど、ほかのボールも同じようにがまんしていると思うよ。だから、がんばって。一どだけ、いいことがあったよ。サッカーの大会のときつかわれたよ。また、こんどつかわれるといいね。がんばってね。こんどからだいじにするからね。ごめんなさい。もう、ボールくんもぼろぼろになったと思うけど、ときどきあらったり、タオルでごしごしふくからね。もう、いじめっ子の江川くんなんてよばないでね。ふるくなってもすてないからね。おぼえていてね。もう、きょうからなかよしだよ。あたらしいボールなんかかわないよ。ずうっときみをつかうよ。

文例(二)

コロ、きょうからちゃんとするね

二の三　田中　順子

ごめんね。

きょうからちゃんとするからね。

ありがとう。

もっともっと遠くにつれてってあげるからね。もっとたいせつにそだててあげるからね。

きょうから、元気よくあそんではしってさんぽしようねコロ。

コロ、これなら、くさりにつながれなくていいね。

よかったね。

あんないじわるしてごめんね。


目的が道徳指導にあるわけではないが、結果として自省、反省の心も育まれつつある。

文例㈢

がんばって、おもちゃくん　　二の三　桐村　真路

ぼくは、分かいしないように気をつけるよ。こわれたらちゃんとなおしてあげるよ。なかまにあいたいならあわしてあげるよ。

ぼくもがんばるから、きみもがんばってね。きっとなかまにあわしてあげるよ。だから、さびしくてもがんばってね。

ぼくもきみがだいすきだからがんばって。がんばったらなかまにあわしてあげるよ。きっとだからね。

なかまをつくえにおくかもしれないよ。
がんばって、おもちゃくん。

何をどうがんばるのか。一向にはっきりしないのだが、同情、共感の情は何となく伝わってくるような気がする。このような文章は、プリントをして教材化し、どこをどのように直していったらもっとわかりやすい文章になるのかを話し合っていくようにするのもよいであろう。

① この作文の書かせ方

① 「なりきり作文」のうち、よくできたもの三～四篇を選んで、みんなに聞かせる。「よくできたね」とうんとほめて聞かせることがポイントになる。作文の選定にあたっては、

・テーマがしぼられていて、明快なもの
・あまり長くなくて、よくまとまっているもの
・発想がユニークでおもしろいもの

などを観点にするのが適当である。

② 「きょうは、この前の作文に返事を書きましょう」となげかけ、全員の作文を手際よく返す。

③ 「自分の作文を読み返しなさい。そして、ここのところには、どうしても返事を書かなくてはいけないな、と思ったところには、赤線を引いてごらんなさい」これは、返事の内容をあいまいにしないための指導である。

④「手紙の返事を書くのだから、返事をうけ取った相手が、がっかりするようなことを書かないように注意しながら書こうね」

「うけ取った相手が、元気が出たり、勇気が出たり、喜んだりできるような、そういうような返事を書くようにしようね」

「それからもう一つ、返事をうけ取る相手に話しかけるように書こう」

だいたい、先に書いたような手順で指導を進めればよい。作文を三、四篇読んでから、前述のような指導をすることで、ざっと十五分ぐらいはかかる。

残った三十分が「書くこと」にあてられる。「三十分で書き終えるように」ということも指示しておくとよい。

②　この作文のねらい

○中心のはっきりした作文を書くことができる。
○相手意識・目的意識をきちんともって書くことができる。
○自分自身のふだんの生活を、ふり返ることができる。

③　この作文の特長と効果

この作文は、一種の自問自答を綴るものである。ふだん何げなく見すごしている身近の事物に対して、そのものの身になって対象に心を寄せてみる。そうすることによって、結局は自分自身を見つめ直すことにもなる。自分自身のあり方を問い直すことにもなる。

そのようなことが、一見遊びのような楽しさの中で培われていくところに、この実践の強みがあると思われる。

3 「再生作文」

① 再生作文とは

簡単な昔話を教師が子どもたちに語って聞かせ、そのお話をもう一度改めて文章に綴らせるという作文の書かせ方である。

② 作文の書けない子の悩み

作文が書けない子というのは、どの場合でも、だいたい次のような悩みをもっている。

○書くことがない。何を書いたらいいのかが、わからない。
○どうやって書いたらいいのかが、わからない。
○書いていくことがらも、順序もよくわからない。

言いかえれば、次のようになる。

1 作文意欲の欠如
2 取材力が乏しい悩み
3 構想力が乏しい悩み

③　再生作文の特長

作文の書けない子どもにとって、再生作文の指導方法は朗報であろう。取材も、構想も、教師が与えてくれるからである。

しかも、でき上がった作文は、必ずしもすべてが一律の内容ではなく、子どもの個性が文体の上に反映して、それぞれにおもしろい。「よし、書けそうだ！」「書いてみるぞ！」という意欲化も図れることになる。

④　お話の選び方

これが案外むずかしい。しかし、だいたい次のような条件を満たしていればよいだろう。

○登場人物が少なく、簡明な筋である。
○初めて聞く話である。
○短くまとまった話である。
○おもしろい話である。

また、教師自身がいろいろな作品を読んでレパートリーを増やしておくことが大切である。

二年生でも、このお話なら作文に書けるだろう、という判断は、やはり担任教師がすべきことがらである。

文例㈠

むかしのお話　　二の三　島村　尚子

むかし、むかしの大むかし、そのまたむかしの大むかし、お話の好きなとのさまがいました。

ある日、一人の男の人がとのさまにお話を聞かせにきました。男の人の聞かせてくれたお話は、みじかくてすぐにおわってしまいました。

「そんなみじかい話はいい。すぐにかえれっ！」

と、とのさまがいいました。

とのさまは、いろんな人のお話を聞いても、ぜんぶ聞いたことのあるお話ばっかりで、おもしろくありません。

「もっとおもしろい、もっと長いお話をしろ」

と、とのさまがいいました。もう、このごろは、だれもお話にこなくなりました。

一人もこなくなったから、「長い、おもしろいお話をしてくれたら、いっぱいのごほうびをやる」と、とのさまが町におふれを出しました。

それでも、だれもこないので、とのさまは、かんかんにおこりました。

「おい、お話のじょうずな人をさがしてこい」

と、とのさまがいいました。

そのうちに、一人の男の人がきました。

「とのさま、わたしが長くておもしろいお話をします」

男の人は、話をはじめました。

『むかし、むかし、大きなしいの木が一本立っていました。そして、そのしいの木のとなりに、大きないけがありました。

かぜがふいて、しいの木のみが、一つぽとんとおちました。ころころ、ころころころがって、いけにぽちゃんとおちました。

また、かぜがふいてぽっとん、そして、ころころ、ころころ、ぽっちゃん、といけにおちました。

また、かぜがふいてきて、ぽっとんとおちて、ころころ、ころころころがって、いけへぽっちゃん、とおちました。

また、かぜがふいてきて………』

「もう、いい。わかった、わかった」

「いえいえ、まだ続きます。『また、かぜがふいて……』」

「もうよい。この男にほうびをやれ」

一人の男は、ごほうびをもらって、かえりましたとさ。

むかしのお話は、これでおしまい。

文例(二)

ももたろうのおはなし

二の三　大北　智

むかし、むかし、あるところに、おじいさんとおばあさんがいました。

おじいさんは山へしばかりに行きました。おばあさんは川へせんたくに行きました。

おばあさんがせんたくをしていると、どんぶらこ、どんぶらこ、と音がしました。どんぶらこ、どんぶらこ、
だんだん音が大きくなりました。

「おお、大きなももじゃあ。」

おばあさんは、大きなももをぼうでひろいました。

おばあさんは、大きなももをせおいました。おばあさんは、よいしょ、よいしょ、と、ももをせおいながら
いえにかえりました。

いえについて、ももを、よいしょとたるにのせました。

おじいさんがいいところにかえってきました。おじいさんは、ほうちょうをもってきてももをきりました。

そうすると、オギャー、オギャーと、あかちゃんが出てきました。(以下略)

細かく見れば多少の難点はあるが、まずまずよく書けていると思う。これだけ筋道立てて、これだけの長さをぐんぐん書けるというのは、やはりほめてやってよい作文力である。

大北君は、作文が大の苦手であるが、再生作文なら、こんなに生き生きと、長く書けるのである。再生作文は、あくまでも創作ではないから、本当の作文指導とは言えないというように考える向きもあるかも知れないが私はそうは考えない。

何はともあれ、書こうとすることがあり、どう書くかという想がまとまり、それを文章に綴ってゆき、しかも、

読む人にそのことがらや、想が伝わるのであるならば、それは立派な作文力と言える。

オリジナルでなければ意味がない。創作でなければ意味がない。――そのような考えにとらわれている限り、作文嫌い、作文劣生は解消されない。書けない、という現実、書けたことがないという現実が、作文を書かせるたびに彼らを劣等感のとりこにしてしまうからである。

再生作文でも、なりきり作文でも、再話作文でも、何でもよいのである。肝腎なことは、文章が書けること、綴れること、形だけでも原稿用紙を埋めていけたという、その事実、その体験こそが彼らをして劣等感からすくいあげるのである。

このような発想の転換によって作文好きな子どもを育てていって欲しいと私は考えている。

4　「再話作文」

①　再話作文とは

再話作文は、その名の通り自分が再話者になるのである。再生作文が「再生すればよかった」作文であったのに対し、今度は、「再話」、つまりお話の形に自分で組み立てなければならない点で、少し高度になる。

再話するのに必要な資料を、ヒントとして示し、あとは自由にお話を作らせるのである。再生作文よりは、やや高度であるが、創作よりは、ややややさしいというレベルである。

②　「資料」の選び方

大きな筋は借り物で、細かい展開は自分の好みで作り上げられる。そんな「ヒント資料」が与えられるとよい。

たとえば、「日本童謡集」から、次のようなものを選ぶ。

「お山のお猿」(鹿島鳴秋)
「赤い靴」(野口雨情)
「九人の黒んぼ」(西条八十)
「雪のふる晩」「あわて床屋」(北原白秋)

「ヒント資料」として備えていてほしい条件は、次の三つのことである。

○おもしろい事件がある。
○筋が簡明である。
○登場人物が少ない。

そして、長さとしては、原稿用紙二~三枚で書き終わる程度が望ましい。

③ 再話作文の書かせ方

おもしろいお話作文を書こう。

(目標提示)

←

ヒントになる童謡を読みます。（資料提示）

←

これをもとにして、自由にお話作文を書きましょう。（作業指示）

←

会話を入れて書きましょう。（条件提示）

文例(一)

あわてとこやのおはなし

二の三　北野　陽子

むかし、むかし、あるところに小さな家がありました。そこには、かにがすんでいました。かには、とこやさんで、とてもひょうばんのあるおみせでした。

チョッキン、チョッキン、チョッキン。子がにがブツブツとシャボンをとかしていると、ライオンがやってきました。

そして、ライオンがいいました。

「早くかみをきってくれ」

「はい、わかりました」

いそいで、おやじがライオンのかみをきります。

チョッキン、チョッキン、チョッキンナ。

きりすぎて、ライオンだったのが、ひょうみたいになってしまいました。それは、口のちかくにある毛を、ぜんぶきりおとしてしまったからです。

これはこまった、かにのおやじ。いそいでとこやからにげだして、自分の家ににげていく。

ライオンが、そとに出たらみんなにわらわれました。

チョッキン、チョッキン、チョッキンナ。


これは、北原白秋の「あわて床屋」をプリントして、二、三度声を出して読ませたその後、机の中にプリントをしまわせてから、書かせたものである。

元になっている白秋の童謡では、いうまでもなく兎がお客で、その耳を切り落とすことになっているが、北野さんは、そこをライオンに変え、耳のかわりに「かみ」を切り落とすことにしてしまった。そこに北野さんの〝再話者〟しての遊びがある。あるいは、創意・工夫があるわけだ。

文例(二)

あわてとこやのおはなし

二の三　今掛　徳郎

春ははよから川べのあしに
かには店出し、とこやでござる。
チョッキン　チョッキン　チョッキンな。
そこへうさぎがおきゃくにござる。
子がにいそいでしゃぼんをとかす。
チョッキン　チョッキン　チョッキンな。
おやじじまんのはさみをならす。
おやじはやくかみかっておくれ。
チョッキン　チョッキン　チョッキンな。
ほかのおきゃくもかみかっておくれ。
かにはいそいでかみかっていたら、
うさぎの耳まできっちゃった。
チョッキン　チョッキン　チョッキンな。
はやく、はやくと言われていたら、
かにはいそいでどんどんきるよ。
いそいで、いそいできってたら、
かみをぜんぶかっちゃった。
チョッキン　チョッキン　チョッキンな。

そこへまたまたおきゃくにござる。
おやじはずかしくてあなへとにげる。
子がにしかたなくかみかってあげる。
子がにまだまだへただから、
でこぼこ、でこぼこにきっちゃった。
チョッキン　チョッキン　チョッキンな。
子がにはずかしくなっちゃって
よけいへたになっちゃった。
チョッキン　チョッキン　チョッキンな。
そこへおやじがもどってきたよ。
チョッキン　チョッキン　チョッキンな。
また、また大しっぱい。
子がにもおやじもあなへとにげた。
チョッキン　チョッキン　チョッキンな。

文例㈢

あわてとこやのお話

二の三　桐村　真路

川べにかにのとこや。きゃくはまんいん。はじめのおきゃくさん、はやくきっておくれ。

チョキン　チョキン　チョキンな。

きゃくはどなるし、かにはあわてる。

チョキン　チョキン　チョキンな。

きゃくはどなって、きゃく大いばり。

チョキン　チョキン　チョキンな。

かには、あわてて、きゃくの耳切った。

きゃくはどなる。

チョキン　チョキン　チョキンな。

きゃくはおこるし、きゃくは帰る。

チョキン　チョキン　チョキンな。

耳を切ったべんしょうする。

金はなくなる。

チョキン　チョキン　チョキンな。

きゃくは来ないは、店はぼろぼろ。

チョキン　チョキン　チョキンな。

ぼろぼろとこやに、おきゃくはひとり。

チョキン　チョキン　チョキンな。
かにはよろこび、はしゃいでしごと。
チョキン　チョキン　チョキンな。
きゃくはくるは、きゃくはどなる。
おんぼろとこやはまんいんだ。
きゃくはふえるわ、きゃくはどなるわ。
チョキン　チョキン　チョキンな。
きゃくはどなるし、かには大はしゃぎ。
チョキン　チョキン　チョキンな。

原作の影響が強いが、すこしずつ話にオリジナリティーを入れようとしている思いはうかがわれる。童謡などを読んで聞かせて、彼らの創作意欲、再話意欲をかき立ててやれば、なかなかおもしろいものを作り上げてくる。

④　再話作文の発展

このような作文をいくつか書かせるうちに、子どもは「作り話」が書けるようになる。「作り話」は、つまり「創作童話」である。その実践もあるが、紹介するまでもあるまい。進んで実践されることを望みたい。

このようにして、これからの作文指導は子どもの「興味」をかきたて、楽しみながら書かせる方向をめざしたいものである。

Ⅲ　教師も学ぶ！　作文の見方、考え方

一　作文の見方

一つの作文をとりあげて、その良否、優劣を評価することは中々むずかしい。人によってその評価はかなり動くし、揺れもする。それがあまりに様々なので、作文の評価は非常に難しいと考えている人が多い。

そこで、ここでは一つの作文をとりあげて、国語教育のベテラン四人によるそれぞれの見方を紹介し、参考に供したい。なお、ここにとりあげた作文も、評価の文章も、昭和四十年代の「小三、教育技術」誌に載ったものである。作文は私が推挙したもので、いわば私はこの企画の仕掛人的な役割を果たした。

改めて読み返してみて、いずれの先生方の文章も中々読みごたえがある。しかも、年数を経て一向に色の褪せない、さすがの評価であると思う。

また、このような企画はそうは例がない点でも貴重である。

そのように考えた私は、本書を上梓するに当たってぜひこれらの記事を再録させて戴きたいと考え、小学館編集部、並びにご執筆の四氏にその旨のお願いに及んだ。幸いにして、すべての方々が再掲について快くお許しくだされ、本書に花を添えて戴くことができた。特に記して御礼を申し上げる。なお、各氏とも現在の所属は、ここに記したものとは変わっているが、なるべく当時に近い形で再掲したいと考え、あえて当時のままとさせて戴いたことをお断りしておく。

1 例文推挙の弁

ひとつの作品をとりあげて、何人かに評価させると、ある者は秀作とし、ある者は凡作とする。かくて、同一児童、同一作文でありながら、評価者によって、その評定が変わる。これは大きな問題である。そこで、ひとつの作品をとりあげて、いろいろと論評してみようと思う。

どんな作品をとりあげようか、といろいろ迷ったのだが、次のような理由から後出の作品を選定することにした。あらかじめ、この作品の内容を頭に入れてそれぞれの評を読んでいただければ一段と理解も深まることであろう。

1 選定者としては、最高と思われるものを提供すべきである。生半可な、いいかげんな作品を例にしたのでは、明快な論評は期待できないと思うからである。

2 この作品は、次のような点で大変すぐれた作文であると私は考えている。

ア 描写が克明であり、読む者にありありと情景を想起させる。

イ 文が簡潔で無駄がない。文体としても中々魅力的である。

ウ 会話が効果的にとり入れられ、文章を生き生きとしたものにしている。

エ 一気に書かれているので読者はすんなりと作品の中に入りこめる。

オ 書き出しと終末がともに個性的である。

3 まとめて言えば、まことにのびのびとした、子どもらしい無邪気で素直な作品ということができよう。

2　例文「グライダー作り」

安藤一人（三年生）

「ただいまあ。」ぼくは、いつもより早く家に帰った。おかあさんが、

「あら、かっちん、早いわね。どうしたの、またおのこりかと思ったのに。」

なんていう。

「今日は、グライダーを作るんだ。理科の授業でグライダーについて勉強したんだもん。」と、ぼくは答えた。

カバンを置いて、すぐ文房具店に行った。ぼくは、グライダーを作るのに必要なものを買った。家に帰ってから、つくえの上に、工作用紙、わりばし、セメダイン、くぎ、セロテープを並べて作り始めた。

作るグライダーは、ライト兄弟の発明したグライダーの形をまねして作ることにした。まず、主よく二枚とたてびよく一枚、横びよく一枚を切り取る仕事だ。できあがったときの形を頭にえがいて、はさみで切るのだが、なかなか思うように進まない。えんぴつで線を引き、その上をはさみで切るだけなのに、すぐまがってしまい、いらいらしてくる。いらいらすると、よく切れない。やっと三回めにどうやらうまい形に切れた。

つぎは胴体だ。わりばしよりよいものはないかなと考えて、あちこちと道具箱をひっくりかえしているところへおかあさんがおやつを持ってはいってきた。

そして、

「足のふみ場もないわね。少しかたづけたら。」

と言った。

ぼくが、苦心してグライダー作りをしているのも知らずに、こんなことを言うおかあさんがにくらしくなって、

「入ってくるな!」

と、どなってしまった。

やっぱり、胴体はわりばしを使うことにした。わりばしに主よく二枚と、びよくをとりつけ、胴体の頭におもりのくぎをとりつけた。セメダインのかわく時間が長く感じられる。まだかわいていないのに、ついさわって動かしてしまう。またやりなおしだ。

五分ぐらいたったころ、横びよくにさわろうとして、フッといきをふきかけた。胴体がわずかにゆれたが、びよくはがっちりついている。思わず、つばをごくりとのみこんだ。

「完成! できたあ。」

と、ぼくはとびあがった。

さっそく、さっきどなったことも忘れて、おかあさんの所へ見せに行った。おかあさんは、

「形はじょうずだね。早くとばしてごらんなさい。よく飛ぶといいわね。」

と言った。

そう言われると、飛ぶかどうかが心配になってくる。胸がわくわくしてきた。まどの方を見たら、もう、外はうす暗くなっている。グライダーを作るのにむちゅうになって、電気をつけるのも忘れていた。

広い部屋に行って飛ばしてみた。途中までうまく飛んだが、さかさまになって落ちた。少しがっかりした。

やっぱり、思うとおりにいかないものだなあ、と思った。

いつのまにはいってきたのか、おかあさんが、

「フ、フ、フ、フ」

とわらっている。ぼくも思わず、

「へ、へ、へ」

と、わらいかえした。

3　例文を読んで

評価例A　達者な筆力だがやや短絡気味　東京都板橋区立第七小学校教諭　久保庭　健吉

安藤君の気持ちやその場の様子が、生き生き書けましたね。むだのない短い文で書きつづっていること、お母さんとやりとりした会話を、じょうずにとり入れていることなどが、その大きなもとになっているでしょう。なお、グライダーを作る前にいろいろ考えたことや作っている時の様子を、もうすこしていねいに書くと、安藤君の気持ちやその時の様子が、読み手にいっそうはっきり伝わるでしょう。

以上のことばは、仮に私が安藤君の担任であったら書くであろう批評文である。これを発想の起点にして、以下、感ずること、思うところを述べてみよう。

◇簡潔で生き生きした文体

おそらく、「くわしく書くところと簡単に書くところを考えて」をめあてにして書かせたものであっても、身近な生活に取材させたいわゆる生活文に当たる文章を担任の先生は書かせたものであろう。生活文が、文章のどのジャンルに属するのかと言ったむずかしい論議はおくとして、生活文にとっては、生活が実感をこめて生き生きと描かれていることが、なによりの要件となるだろう。

――「ただいまあ。」

――ぼくは、いつもより早く家に帰った。

この二文の行間には、作者の心情やその場の状況がこめられている。作者は、どんな語調で、だれに向かってただいまのあいさつをしているのか、どんな様子で家に帰ったのか、いつもより早く帰ったわけは何かといったことが、わずかこの二文から十分想像でき、読みとれることを、作品鑑賞の時間に、多くの子供たちに理解させることができよう。このことは、書き表すとはどういうことかを、具体的に理解させることに結びつくはずである。このような叙述部分は、作者と母親とが会話をかわす他の場面にも見られるところである。

おかあさんが、

「あら、かっちん、早いわね。どうしたの、またおのこりかと思ったのに。」

なんていう。

「今日は、グライダーを作るんだ。理科の授業でグライダーについて勉強したんだもん。」と、ぼくは答えた。

会話をとらえて、文中にじょうずに挿入できるということは、例えば、、、部分のような認識で対象をとらえているかどうかということにかかってくる。作品の鑑賞時間を利用して、この会話の部分を音読させてみるとよい。

相対するおかあさんと作者の態度や心情が、あざやかに読み手に形象化されるにちがいない。担任の先生も認められているように、作者は、この種の文を描くことにかけては、三年生として、達者すぎる程の筆力の持主と見た。

◇ていねいさが欲しい叙述

生活文の素材ではあっても、グライダー作りを中心題材とした以上、その叙述にあたっては、もう一歩のていねいさが欲しいと思う部分が、何か所かある。この作文を書く時のめあてである「くわしく書く」箇所である。

「作るグライダーは、ライト兄弟の発明したグライダーの形をまねして作ることにした。」

これだけの叙述では、ライト兄弟の発明したグライダーのイメージが読み手に描けない。しかも、せっかくの主翼・尾翼の切り抜きのありさまが、核心をとらえて描かれていないため、具体的叙述も生かされていない。

「できあがった時の形を図にかいて、この部分に入れてごらん。」「線の上をはさみで切るだけなのに、どうしてすぐまがってしまうのか、そのわけをつけ加えてごらん。」といった助言を与えて、推こうさせてみてはどうだろう。

わりばしの胴体に主・尾翼をとりつけ、頭におもりくぎを苦心して接着して仕上げる叙述は、誠に見事という他はない。たたみこむように書き込んでいるところは、作者の息づかいまでが伝わってくるようである。ここは、担任が音読して、十分語感の放つひびきといったものを、子供たちに感じとらせたいところである。

ところが、終末部にある次の叙述、

「少しがっかりした。やっぱり、思うようにいかないものだなあ、と思った。」

この部分に、やはりていねいな叙述が欲しいと思う。やっぱりと思うところのゆえんが述べられていないため、やや短絡気味の感がする。期待しつつ一方、懸念されていたものが何かあったにちがいない。それが欲しい。筆力のある児童がややもすれば陥りがちな滑走現象は、対象をじっくりとらえる観察力と相手意識とで歯止めをさせてあげたいと考えるものだがどうだろう。

評価例B　ずっしりとした重さがほしい

青森県西津軽郡中村小学校教諭　山形　英二

東北の生活に根を下ろし、二〇年の余も生活綴方にひかれ続けてきた私は、田んぼでの労働を、出かせぎに行く父を、一人で雪下ろしをする母を書かせ続けてきた私などには、このような作品は、やはりどうもピンとこないのだ。

　こういう作品に接すると
　〝もっと生活を見つめて〟
　〝労働に目を向けて〟
　〝もっと価値ある題材を〟
と言いたくなってしまうのだ。

　しかし、子供の生活は広い。遊びあり、けんかあり、勉強ありだ。労働ばかりが生活ではない。子供らしい、明るい生活をも書かせなくては、そう思うことにして、この作品を素直に見つめることにする。

　そう思って読んでも、やはりひきつけられない。子供達にも共感を呼ばないのではないだろうか。

　それは何故だろう。私は、担任子が「作品推挙の弁」で語っている、この作品の良さというものの中にあるのだと思う。

「文章のスピードがよく書き分けられている。早いテンポで書いているところと、じっくりと見つめてくわしく書いているところとがうまくかみ合って、文章にひとつのリズムを生み出している。」
「短い作文ながら、なかなか手際よくまとめられた」（傍点山形）
というあたりに、ひきつけられない元を感じるのだが。

◇読み手に感動をよびおこさない

相当に苦心したグライダー作りらしい。帰ってすぐ始め、作り上げた時は、もう外はうす暗くなっていたほどなのだから、時間もかかったのだろう。

「グライダーを作るのにむちゅうになっていて、電気をつけるのも忘れていた。」ほど、気持ちも集中し続けていたのだ。

ところが、その苦心が読み手にはあまりひびいてこない。読み手の心に、そのグライダー作りの苦労が、ずっしりと重く伝わってこない。だから読み手に感動をよびおこさないことになる。

それはまさに、この作品が「スピードがあり」「リズム」があり、「なかなか手際よくまとめられている」からではないのか。

「はさみで切るのだが、なかなか思うように進まない。」

「すぐまがってしまい、いらいらしてくる。」

「やっと三回めにどうやらうまい形に切れた。」

「ついさわって動かしてしまう。またやりなおしだ。」

この辺にこそ、作者の苦心があったのだろうに実にスピーディーに書かれている。じっくりと見つめて書いてはいない。その後に、ちょっぴり「思うように進まない」「いらいらしてくる」と、ことばだけは強そうだが、さらりと通り抜けていく軽さを持ってつけ加えられているだけだ。これらの気持ちも、苦労のようすがじっくりと書き込まれていないから、読み手に重く沈みこんでこない。

お母さんをどなりつける場面も、

「わりばしよりよいものはないかなと考えて、あちこちと道具箱をひっくりかえしているところへ」と、実にサラサラと書き進められているから「おかあさんがにくらしくなって」というのも「そうだよなあ」と共感を呼ばない。だから、「完成！　できたあ」の喜びの共鳴をも薄くしてしまう。

◇必要な生活を見つめる目

何よりも、この作品は短すぎると私は思う。これだけの苦労を、四〇〇字詰め原稿用紙三枚ばかりで仕上げるなどとは無理だ。私なら、この作品を出発点として、作っている時の苦労を、苦心を、くどいほど書きこませていくだろう。

はさみで切った時の曲がり方、道具箱をひっくり返している時の手つき、セメダインの乾くのを待っていた時のいらいらした気持ちと時間の長さ、ついさわってやり直した時のくやしさ、それらの一つ一つについて、動作、気持ちをくわしく、じっくりと書きこませたい。

作品としては、あか抜けのしない泥くさいものになるだろう。でも、ずっしりと重さのある、それだけに読み手の感動を引きおこす作品になるはずだ。

子供の生活は広い。労働だけでは勿論ない。それはそれでいい。しかしその遊びにも、けんかにも、書かせる中で、じっくりと物事を見つめさせ、書かせることが一本通っていなければならないと思うのだ。

それが、〝生活を見つめる〟ことになるのだと思う。

評価例C　優秀作品だがややオーバーな心情表現

千葉市立轟町小学校校長　高橋　金次

◇豊かで語いも豊富な作品

この作品は「グライダー作り」という題名ではあるが、その記録や報告ではなくて、そのときの様子や気持ちを書きつづったいわゆる生活文である。

三年生としては、できすぎているほど達者な作品であって、いくつかの特長を見いだすことができる。

その一つは、文章の構成がしっかりとしているという点である。「ただいまあ。」で始まる書き出しに続いて、材料を購入し準備したこと、グライダーを作ったこと、できあがって飛ばしたことが、時間的な順序を追って整然と記述されている。段落構成もきちんとしている。そして、この文章の中心であるグライダー製作の苦心について多くのスペースをあてている。

さらに、この文章の中で大事な役割を担っている母親を、最初、中、結びの三つの場面に登場させて、文章に変化を与え、おもしろさを加えている。特に、最後の場面を、母親の「フ、フ、フ、フ」と作者の「へ、へ、へ」の笑いのやりとりで結んでいるところなどは、冒頭の会話文とも照応して、心にくいまでの構成である。文章を読むことや書くことに相当に慣れている子供であろう。

次にあげられることは、グライダー作りの過程での作者の気持ちが、場面に即して克明に表現されている点である。この種の作品では、ともすると製作の順序や方法の記述だけに終始してしまいがちなものであるが、この作品では随所に作者の気持ちを表現している。これが、この作品を豊かにし、読んでおもしろくしているものと思う。

○その上をはさみで切るだけなのに、すぐまがってしまい、いらいらしてくる。

○こんなことを言うおかあさんがにくらしくなって……。
○飛ぶかどうかが心配になってくる。
○胸がわくわくしてきた。
○少しがっかりした。

傍点の例にみられるように、気持ちの表現は端的であり率直であり、しかも語いも豊富であって、作者の心情を浮き彫りにしている。

第三は、文の記述がしっかりとしていて、長短の配合や直接表現も妙を得ているという点である。常体の文体を用いていることが、この文章全体をひきしまった感じのものにしていることはいうまでもないが、場面の転換や作業の推移を示す場面には、次のような短い文が用いられている。

○ぼくは、いつもより早く家に帰った。
○カバンを置いて、すぐ文房具店に行った。
○つぎは胴体だ。
○やっぱり、胴体はわりばしを使うことにした。
○広い部屋に行って飛ばしてみた。

一方、やや詳細な記述を必要とする場面では、次のような比較的長い文も用いられて、それらがうまく配合されている。

○わりばしよりもよいものはないかなと考えて、あちこちと道具箱をひっくりかえしているところへおかあさんがおやつを持ってはいってきた。

さらに、次のようにすぐれた文の連接をしている部分もみられる。

○えんぴつで線を引き、その上をはさみで切るだけなのに、すぐまがってしまい、いらいらしてくる。いらいらすると、よく切れない。やっと三回めにどうやらうまい形に切れた。

その他の特長としてあげられることは、①会話が適当な箇処に、生き生きとした表現で用いられている点、特に、前後の場面の笑いは、心情を的確に表現している。②「まどの方を見たら、もう、外はうす暗くなっている。」の例にみられるような、客観的な情景描写がなされている点、などである。

◇心情表現がややオーバー

以上のような特長をもった優秀作品であるが、しいて難点・問題点をあげれば次のようなことであろうか。

それは、心情表現がややオーバーすぎて、グライダー製作についての知識や方法をめぐって、作業やその記述内容に、ややあいまいな点がみられはしないかという点である。

この製作の動機は、「理科の授業での勉強」となっているが、どのような学習をしたかが明らかでなく、その応用発展としては、グライダーの形は「ライト兄弟の発明したグライダーの形をまねして作る」というのは錯覚であろう。

したがって「主よく二枚」のグライダーを作ることになる。また、材料として用意したわりばしについて、よりよいものを探す理由や根拠が明らかでなく、結局はわりばしを使用している点も、すっきりしないものがある。

評価例Ｄ　伝わらない心の底のゆれ動き

成蹊小学校教諭　亀村　五郎

作文の評価というのは、指導した担任にしてできることであって、指導者以外のものにできるはずはない、と私は思っています。

というのは、子供たちが自由に書いてきたものであっても、その子供の生活の上から生まれたものであるものなら、その子供の生活を一番よく知っている指導者でなければ、その表現の一つ一つを理解することはできません。たとえ、共通な日本語であるといっても、その子供でなければ表現しない、とか、その子供だから、こう書いたのだということがわからないからです。

まして、指導者が、目あてを持って何時間かの指導をした後に、子供が書いたものならば、指導者は、その指導の目的と、指導過程の上から、その作品を評価するでしょう。私は、よく作文の評価が、むずかしいということを聞きますが、指導者が、今、子供たちに、何を、どう書かせたいのか、という目あてをはっきり持っていれば、そうむずかしいものではないと思っています。

◇達者で難はないが

ですから、この作品について、何か一言、言わなければならないとすれば、評価というにはあたらない、勝手な、おとなの考えを述べるということになるでしょう。

安藤君という子供は、この作品で見る限り、たいへん活発で、他教科の学習でも、すぐれた理解力を持ち、行動的な子供ではないかと思います。担任の先生が、おっしゃるように、この文章は、ひじょうに達者で、みだれがなく、すらすらと書いているように思えます。他の学習でも、このように、達者にこなす方ではないでしょうか。

この作品は、たしかに達者で、難はありませんが、私は、正直なところ、三年生の子供としては、こういう書きぶりをさせたいとは思っていません。というのは、安藤君は、たしかに、自分がしたことを、時間的な流れにしたがってまちがいなく書いていますが、読み終えたときに、安藤君の、心の底のゆれ動きが、感じられないのです。

それは、あまりにも、語いが多く、それを自由に使いこなせるために、かえって、頭のなかでスラスラと、文章が組み立てられてしまっているように思えるのです。

◇もっとねばっこい書き方を

たとえば、いちばん苦心したところの、書きぶりでも、

『はさみで切るのだが、なかなか思うように進まない。えんぴつで線を引き、その上をはさみで切るだけなのに、すぐまがってしまい、いらいらしてくる。いらいらすると、よく切れない。やっと三回めにどうやらうまい形に切れた。』

とあります。前のことばを受けて、つぎにうまくつなぎ、リズミカルではありますが、この書きぶりではどうも苦心のようすがはっきり出てこないのです。ここを、『よく切れない』というのは、どのように切れないのか。また、『どうやらうまい形』というのは、自分ののぞむ、どんな形なのか、ということを、じみに、ていねいに書いてあれば、いいように思います。『いらいらしてくる。いらいらしてくると』とか、『どうやらうまい形』という、ことばが先にとび出してしまって、文章ができあがってしまっている感じなのです。私は、三年生ぐらいの子供には、もっと、素朴な表現でもいいから、事実をしっかり思い出していくようにしたいと思っています。ぞくな言い方でいうと、多少ダラダラしているようでも、ねばっこい書き方をさせたいと思っています。それはこの箇所だけでなく、全体に言えるのではないでしょうか。まず文章が達者にとび出してきてしまったという感じです。

それは、子供が文章を書くことによって何が育つのか。子供が文章を書きながら、何を身につけていくのかということと、かかわっていくように思います。まちがいのない、すてきな文が書けるだけでは、私だったら満足できません。書きながら、自分の生活したことをたしかめたり、自分が書こうとした対象についての理解や認識を深め

ていくことが、書くことを通しての教育だと思っているからです。

それには、自分の生活したことを書くのなら、まず、事実をていねいに思い出して、それを、きめ細かく書かせなければならないと思います。とくに三年生ぐらいの段階では、このことを大切にしていきたいものです。

この作者と、おかあさんは、たいへん心が通じあっているようですが、この作文からだけでみると、私は、すこし気になります。それは、安藤君の書きぶりのせいかもしれません。

4　作品評価についての私見

作品をめぐる見方というものは、やはりさまざまだと改めて私は考えさせられた。

いろいろの論評の中で、私が特に心をうたれたことばには、例えば次のようなものがある。

①「筆力のある児童がややもすれば陥りがちな滑走現象は、対象をじっくりとらえる観察力と相手意識とで歯止めをさせてあげたいと考える」（久保庭氏）――対象の凝視から発見が生まれ、思索が深くなる、と私は常々子どもに教えているが、このことばはその点を的確に指摘してくれている。

②「心情表現がややオーバーすぎて、グライダー製作についての知識や方法をめぐって、作業やその記述内容に、ややあいまいな点がみられはしないか」（高橋氏）――達者な子どもの作文には、ついこちらがころりと参ってしまいがちな弊を指摘されたように思う。

③「作文の評価というのは、指導した担任にしてできることであって、指導者以外の者にできるはずはない」（亀村氏）――自信に満ちた担任のことばに改めてそのことの事実を思ったことである。ひとつの信念として心をうたれた。

さて、山形氏は青森で「二〇年の余も生活綴方にひかれ続けてきた」という書き出しで、率直な批判を「グライダー作り」に寄せてくれている。それはありがたいのだが、どうも釈然としない点もあるので私の考えを以下に要約して述べてみたい。

＊　＊　＊

1　「読み手に感動を呼びおこさない」か。

グライダー作りに対して、氏は「相当に苦心したらしい」と先ず書き、「ところが、その苦心が読み手にはあまりひびいてこない。」と述べ、さらに「そのグライダー作りの苦労がずっしりと重く伝わってこない。」と言う。「だから、感動をよびおこさない」とも畳みこんでいる。

――さて、私はこの辺ですでに氏の見方に偏りを感じてしまう。「グライダー作り」に対して筆者の安藤君は「むちゅう」にこそなれ、山形氏の考えるような「苦心」は別になかったはずである。確かに本人は、「苦心」ということばを使ってはいるが、それは、「ずっしりと重く」伝えるなどというほどのそれではない。本人は、時間も忘れて夢中になったグライダー作りの、むしろ楽しさを書こうとしたのである。

子どもの作品に、いつでも「苦心」や「苦労」がなくては作品を読んだような気にならないのは教師のひとつの偏りではないか。

氏は続けて言う。「こういう作品に接すると『もっと生活を見つめて』『労働に目を向けて』『もっと価値ある題材を』と言いたくなってしまう。」と。

それもひとつの見方ではあろう。しかし、いささか、偏りに感じられて気になる。

たとえば、「労働に目を向けて」というのは、どういうことなのか。安藤君はきちんと自分の労働に目を向けている。「グライダー作り」は、まさに子どもの世界の労働ではないか。

「価値ある題材」とは何なのか。教師に気に入るような題材だけが価値を持っているわけではないだろう。

2 「じっくりと書きこむ」必要があるか。

氏は「曲がり方、手つき、気持ち、時間の長さ、くやしさ、それらの一つ一つについて、動作、気持ちをくわしく、じっくりと書きこませたい。」と言っている。そうすれば「ずっしりと重さのある」作品になるはずだと結んでいる。私はこの考え方には疑問を持つ。

そもそも、この作品は「じっくりと物事を見つめ」て生まれたと私は考えているのだ。だからこそ、的確な生き生きとした描写が生まれたのである。書きたい中心は「グライダー作りの楽しさ、おもしろさ」であって、苦心だとか、製作工程の解説にあったのではない。それなのに、氏の言うような「一つ一つをじっくり書きこむ」なんてことが必要なのか。氏はいささか「生活綴方」にこだわり過ぎて、子どもの作品を、ある型にはめこもうとしてはいないか。それは、教師として警戒しなければならない指導態度ではないかと、私は考える。私には、ありのままの子どもの姿の理解こそが教師のあるべき姿であろうと思われるのである。

二 評語の書き方

本書（第一部第I章四節）の「こうすれば作文が好きになる——刺激的提言七か条——」の中で、私は「評語を書くな」という一条を提言した。

教師の負担を少しでも軽くして、とにかく子どもに作文を書かせようということを第一に実現したいと考えたからである。

しかし、時間にゆとりがあり、その必要性を感ずるならば、評価を書いてやるに越したことはない。ここでは「評語を書きたいのだが、どう書いたらよいのか分からない」という人のために私の実践を紹介することにしよう。

1　評語とは何か

子どもの作文や詩歌、レポートに添える教師の指導のことばを「評語」と言う。赤字を用いることが多いので「赤ペンの入れ方」などと言うこともあるが、同義と考えてよい。

評語は、子ども、あるいは子どもの作品との対話である。作品を手紙とすれば、評語はそれへの返信である。したがって、評語の良し悪し、適否は、作品との合致度で決められてくるものであって、作品の内容や出来ばえ、あるいはその個性と離れて論じられることはないのが一般である。この作文には、この評語がぴったりだ、とか、この子に対する評語としてはこれは適切でない、というように言われるべきものである。

2　評語の書き方

評語は、完成した作品について添えられるものである。その点で、完成に至る過程で加えられる「指導」とはひとまず別物である。

指導は、作品をよりよくするために、あるいは作文力を高めるために加えられるのに対して、評語は完成してしまったものに対して添えられる。その意味で、評語は、労いであり、励ましであり、称讃であることが望ましく、注文や注意や叱責であるのは望ましくない。

習字の作品がよく教室に掲示されているのだが、それらの掲示の仕方に二種類ある。

一つは、いろいろの添削をしてあるものである。子どもの書いたものに注文や指摘がなされているものである。

もう一つは、丸がつけられているだけのものである。特別上手に書けた文字には三重丸がつけられてあったりする。

後者は望ましく、前者は望ましくない、というのが私の考えである。前者の添削は、指導の過程でなされるべきであり、それらに従って書きあげられた最終的な完成作品に対しては、もはやなされるべきことではない。

後者の場合は、たとえ作品としての不備はあっても、最終的な完成品として充分にその努力や成果を認めている立場をとっている。

作文の評語もこれと同じである。指導は、作品ができ上がるまでの過程に対して加えられるべきであって、完成作品に加えるものではない。

3　本文の「内容」についての評語

一般に評語のほとんどは作文の内容に向けられている。できごとや体験や感想やに対して、読み手として感じたことを書き添えるタイプである。二つほどポイントを述べておく。

①　作品の山場に対して述べる

作品が最も訴えたいところ、山場、クライマックスに対して評語を書くべきである。まさに知ってほしい点、分かって貰いたいところについて書かれたとき、子どもは最も喜びを感ずるであろう。

したがって、評語を添える場合には、当然のことながら読み手は、その作品の骨格や表現の細部にまで十分注意して読まなければならないことになる。そういう作文の指導も、年に何度かはなされるのが望ましい。しかし、常にそうしなければならないと考えると、作文指導が負担になり過ぎて、結局は作文を書かせないというような本末転倒を生じ易い。それぞれに、ほどほどの意を用いればよいのである。

② ユニークさを発見して共感的に書く

個性重視ということが言われている。その子らしい発見、その子らしい感動についてコメントすれば、その子の見方や感じ方が向上していくことになる。

ありきたりのことについて、ありきたりのことを述べたのでは子どもの心に残るものはないであろう。いくつかの例を示してみよう。

×とてもよいことに気がつきましたね。

○「水は力持ちだ」という発見には感動しました。自分の目で見つめ、自分の心で感じとったすばらしいことばです。

×楽しかったでしょうね。

○正夫君は、蝉とりの名人ですね。くもの巣の網で三匹もつかまえたなんてすごいね。

×様子が生き生きと書けました。

○「ほっぺたをふくらませて吹いた」という書き方は上手です。啓子ちゃんの表情が浮かんでくるようです。

×くわしく見つめていて感心です。
○蝶の羽の色には、そんなにたくさんのものがあるのですか。先生も初めて知りました。注意深く見つめたのですばらしい発見ができましたね。
×おじいさんはとてもやさしい人ですね。
○おじいさんにもらったあめは、特別おいしかったことでしょう。先生にも、同じような思い出があるのでとても懐かしい気持ちになりました。

4　本文の「形式」についての評語

表現の形式、書き表し方というものは作品にとって大変重要なものなのだが、それへの評語は一般に少ないように思われる。

次のようなコメントをなるべく添えるようにして書き表し方への関心を高めるようにしたい。

・書き出しの一行が、読み手を引きつけます。
・行末のことばを「……いる」でそろえたので、すてきなリズムが生まれたね。
・最後のことばが、この作文をぐんとひきしめた。うまい、うまい。
・一つ一つの文が短いので、文章がとても分かりやすくなりました。歯切れのよい文体になっています。
・会話がたくさんとり入れられているので、全体としてとても生き生きした作文になりました。

5　題名についての評語の書き方

題名については、書き手も、指導者もあまり関心を向けていないようである

「朝顔」「天道虫」「しゃぼん玉」

このようなのは「材料名」ではあるが、「題名」ではない、と私は考えている。

題名というのは、その作品の思想や主題を最も効果的にアッピールできるものでなくてはいけない。題名をどう書くかということそのことがすでに作文の指導である。

- 変わり果てた亜鉛
- 今の壁と昔の壁
- 塩酸の魔術
- かいこが透明になった
- 白い粉の正体は何だ

などというのは中々上手な題名である。題名のつけ方に工夫とこだわりがあって読者を引きつける。これらの題名のつけ方について特に評語を加えて賞讃することもまた大切である。あるいは、これらを一覧表にして題名の書き

表し方の効果について考えさせるのもよい方法である。

三　添削の仕方

添削についても、第一部I章四節の「刺激的提言七か条」の中で私はその必要がないことを述べた。添削などに心を奪われないでとにかくどんどん書かせた方がいいのだ。そういうことを強調した。

しかし、すべてがそれで一切済むというわけにはいかない。添削をしなければいけない場合もある。たとえば、学級文集や、学校文集に載せる場合、あるいはコンクールに出す場合などには、それなりの添削は必要になってくる。そのような場合には、添削をどのように進めたらよいか。あるいは、添削ということをそもそもどのように考えたらよいのか。

ここでは、それらについて少し考えてみることにしよう。

1　添削とは何か

添削とは、そもそもどういうことを言うのだろうか。手元にある辞典によれば次のように書かれている。

・詩歌、文章などの詞句を、或は書きそへ、或は削去ること。（大字典・講談社）
・詩歌、文章などを削り、あるいは添え加えて、よりよくすること。（新潮国語辞典）

添削指導ということばは普通よく用いられているのだが、国語教育辞典や、作文用語辞典などには載せられていない。作文のコンクールなどに出品する場合、「よりよくする」ために、教師がいろいろと手を入れることがある。これが添削であるが、それは必ずしも望ましいこととはされていない。「ありのまま」がよいのであり、手を加えすぎることによって子どもの本物の作品ではなくなってくるからである。つまり、「改作否定」の思想があるからである。

しかし、学校でなく、実社会では、修業、上達の早道として、これはむしろ一般的に盛んに用いられている。書道、絵画、生花、俳句、短歌、作詞などの世界ではむしろ添削によって、主として指導がなされていると言ってもよい。

歌人の吉野秀雄氏は次のように述べている。

> ……歌を学んで未だ日の浅い人人は、自作を吟味して可否を判断する能力を欠き、たとひそれがあったとしても、さて気づいた欠陥をどう処理して改竄したらいいか見当のつかぬのが普通である。そこで先進の歌よみに批評を乞ひ、自らすべき推敲に代って添削してもらふことも実際上必要になって来ざるを得まい。
> ……添削はあくまでも推敲のこつを会得する一階梯としてできるだけ短い期間にとどめ、少しも早く自力批判の途につくやうに心掛けねばならぬであらう。
> （「短歌とは何か」弥生書房刊、68ページ）

氏は、「推敲のこつを会得する一階梯」としているが、これは名言であると思う。作文指導においても、そのような形でならば添削ということもなされてよいに違いない。

氏は、また次のようにも言う。最初の一行は、我々が心すべき大原則であると思う。

> 添削者は、いわゆる「直し屋」であってはいけない。単に拙い歌を、朱筆を入れて、うまい歌にするだけなら、それほど困難ではないし、また、それほど意味もない。アイデアを変えて、作者にヒントを与え、こういう見方、考え方もある、どちらにするか、と提示する。あとの始末は、作者自身がしなければなるまい……いつまでも添削にたよりきり、吟味することを怠っていると、次第に自力で物を考える能力が衰弱してしまう。添削を参考意見として、見るゆとりが生まれたとき、その作者はいちじるしく向上するだろう。
>
> (『短歌のすすめ』有斐閣、295ページ)

ここでなされている重要な指摘は、指導者の添削は「提示」であって、「あとの始末は作者自身がしなければならない」という点である。

作文指導においても、この原則が守られるならばそれなりの大きな指導効果が生まれるに違いないのだが、現場での添削というのは、大方「直し屋」的になってしまっている。コンクールなどに出すため「化粧のし直し」になることが多い。これでは指導にはならないことになる。

あくまでも、指導でなければならないとすれば、いくつかの留意点が必要になってくる。それらをわきまえて添削に当たることが肝要である。

2　指導のための添削のあり方

①　添削する場合の心構え

次に掲げる前者は原作、後者は正岡子規による添削の例である。

宇治の茶をのめばしのばゆ宇治の里の茶つみ少女のふしよき歌を
←山城の宇治の茶のめば宇治の里の茶つみ少女の歌ししのばゆ

夜ふけて家に帰れば家人は皆いねにけり冷茶を飲みぬ
←夜ふけて家に帰れば家の内の人皆寝ねて茶は冷えにけり

これらについて、吉野秀雄氏は「……第一に、当時三十四歳の子規が、いかに歌調の根本を理解し、いかに残る隈なき懇篤さをもって指導し、いかに縦横に模範的とも称ふべき添削を実行したかにおどろく。」と絶讃している。（前掲書、70ページ）

添削する者は、それなりの確かな力を蓄えていなければならない。たとえ、子どもの書いたものに手を加えるにもせよ、軽々しくはすべきでない。明らかな誤り、明らかな不備、明らかな不足の添削にとどめるべきであろう。赤ペンで作品が真赤になるようでは、添削ではなく改作になってしまう。

② 添削者の条件

指導者の資質を高めるということは常に教育界の課題である。添削しようとする者はせめて次のような条件を自らに課して励むべきである。

1 根本的、本質的な識見、知識、造詣（本質に立った指摘であること）
2 すぐれた感覚、感性（自らもまた常に学ぶべきである）
3 ポイントを抉る実力（名医は立ちどころに患部を見抜く）
4 範を示せる水準、実力（不満の表明とけちつけではいけない）
5 主観を客観のレベルで説ける（合理的に説明できる分析力が大切）

こういうことを書くと「とてもできないや。」と匙を投げる人があるかも知れない。ここに掲げた五点は、かなり程度の高いことを条件にしているので、そういう思いになっても、あるいは無理のないことかも知れない。

しかし、それではやはりいけない。教師は、とかく子どもに向けてのみ叱咤し、鞭撻し、理想を説くことに馴れて、自らを鼓舞し、自らを向上せしむる気概に欠けている。

理想の域にまでは届かぬながら、それを目指して努力を重ねることを教師が忘れてはなるまい。これらはむろん筆者である私への自戒もこめてのことである。「進みつつある教師のみ、人を教ふる権利あり」ということばを噛みしめつつ日々を歩みたいものである。

次の二例は、私の駄句に対する師匠の添削である。添削とはこのようにするものか、と深く心に残り、師匠の力の高さに舌を巻いた感動は今も鮮やかである。添削の理由は敢えて書かない。両者を比べてその品格の違いを考えて欲しい。

・油照り句室は風の道にあり
←
・釣しのぶ句室は風の道にあり

・子をはなす乳首涼しき青田風
←
・子のはなす乳首涼しき青田風

③　添削のポイント

①指導の有力な方法として

作品は、あくまでも作者のものである。教師の「添削」は手直しや手入れでなく、あくまでも「指導」でなければならない。

また、作者である子どもの考え、意図、狙いなどが十分に尊重されなければいけない。添削者は、添削者としての意図や理由を十分に子どもに分からせなければならないし、一方的な押しつけにならぬよう、重々気をつけなければならない。

傲りは禁物と心得るべきである。

②添削は最小限にすべきである。

当然のことであるが、添削は部分的、局部的になされるべきである。全体を新しい構想で書き直させることがあってもよいが、それは、助言によって、あるいは再指導によってなされるものであって添削の域を超えている。

また、赤ペンでびっしりになるようならば、想を改めてもう一度書き直させるべきである。

添削には九分の原作尊重の態度が必要である。

③添削の内容

ずばりと言えば次の三つである。

・誤記、誤字、誤用を改める。
・より適切な表現にする。
・より効果的な表現にする。

このほかにも、見方、考え方という内容面に関することも考えられるが、それらは、いわゆる「添削」というのではなく、改めて助言によって書き直させるべきことがらに属するであろう。助言によって、想を新たに書き直すということはあってもよいことだし、それによって作品が見違えるように生まれ変わることもあるのである。

第三部　元気が出る作文中級レッスン

Ⅰ　ぐんぐん書ける！　中級レッスン

一　喜んで書ける、手紙文

1　指導のポイント

作文が実用的に機能する唯一のものに手紙がある。手紙は必ず相手に読まれてコミュニケーションを成り立たせる。手紙は書いても、受けとってもうれしいものである。旧指導要領では三年生から中学三年に至るまで必修事項としてあげられていたが頷けることである。

(1)　手紙文指導の原則

①　手紙文指導の内容は三つ

ア　心構えの指導

誠実さが何よりも大切である。心をこめてていねいに書くこと。

イ　形式の指導

宛先や差出人の住所氏名の書き方、敬称、時候のあいさつ、本文の組み立て等の一般的理解。

ウ　内容の指導

どんなことをどのように書くべきか、また、ことばづかいの指導など。

②　手紙文のねらうちは個性にある

手紙は、指定受取人以外の開封を禁じている。特定の人間と特定の人間とのプライベートな交信だからである。だから、いかにもその人らしさのある、また、その人だけに合う文章、内容であることが大切である。一般的、没個性的、形式的な手紙では受けとっても感興がわかない。

③　チャンスをのがさずにまず書く

どんなに念入りで丁重な手紙でも、チャンスをのがせば間がぬける。礼状はすぐに出すべきであり、見舞も祝いも遅れては失礼になる。

どう書いたらよいかわからないとか字がへただから、などということをおとなになっても言う人がある。そんな人はいつになっても手紙は書けない。手紙は巧拙よりは真心が大切であり、とにかくまず書くことが肝心である。

野口英世博士に当てた母親野口シカのたどたどしい手紙は、今でも人の心を打ち続けていることに学ぶべきである。

④　手紙は技術だけで書いてはいけない

手紙は真心で書くべきである。あれやこれやと手紙に関する知識をかき集める必要はない。最も大切なのは「礼」の心であり、真心である。一言お礼を述べずにはいられないという気持ちが心の底にまずあって、その具現行動として手紙を書くということになるべきだ。その、底にある心を問うことなしに技術の指導だけに流れてはいけない。

2 指導のあらまし

三年四組　国語科学習指導案

野口芳宏

研究主題　お礼の手紙を書かせる指導はどのようにしたらよいか

1 単元 「手紙を書く」（お礼の手紙）

2 目標

○書く必要のあることを整理して、簡単なお礼の手紙を書くことができるようにする。
○手紙の組み立てを理解できるようにする。
○手紙を書く場合に気をつけなければならないことを理解し、それを実践化しようとする態度を育てる。

3 本時の指導計画

○本時の位相（四時間扱いの第三時）
児童にとって「手紙を書く」という機会は、極めて少ないのが実状である。親しい間柄でさえ、年賀状の外にはほとんど書かず、用件は大部分を電話で済ませてしまいがちだ。

このような実状の中で、比較的子どもにとって手紙を書く必然的な機会を求めれば、それはお礼の手紙を書くという場面になろう。友だちや親戚に招かれたり、また、いろいろとお世話になったりすることはどの子どもにとっても経験のあることである。本来、お礼の手紙を書くべきであるのに、それについての書き方が不明のままつい書かずに終わっていることが多いので、ここではお礼の手紙の書き方をとりあげたい。

礼状としてつまらないのは、形式的で一般的な文面で終始したものである。これでは真の感謝の気持ちが伝わらないばかりでなく、相手を失望させ、折角の相手の好意に対する礼を失することにもなりかねない。本時は、礼状の本質を考えたうえで、望ましいお礼の手紙の条件を理解させたい。

前時までに、手紙の書式の学習を終え、各自が礼状を実際に書いてきている。本時はこれらの内容を検討しつつ、次時の清書、発信への準備をする段階である。

○本時の目標　よいお礼状を書くには、個性と具体性を持たせることが大切であることを理解させる。

○本時の指導過程

学習活動	指導の内容と方法	備考
○前時までの学習の要点を話し合う	○前時までに学習してきたことは、①手紙という通信形態の特長　②手紙文の組み立て　③宛名や裏書きの書式　④礼状の実作の四点であることを確認させる	○前時までの復習をし、本時のめあてをつかむ
○自分自身の書いた手紙文を読み、発表し合う	○数名に発表させ、聞きながら、A（とてもよい）B（問題がある、ひっかかる点がある）の判定をさせ、よい手紙文の条件に	○手紙の良し悪しについての関心を持つ

	対して関心を向けさせる	
○数例をとりあげて、その長短を話し合いながらよい礼状の条件を明らかにしていく	○一般的でありきたり、没個性的で形式的、という系列から二例をとりあげ、それらを読むことによって、受けとった人がどのように感ずるかという点を話し合わせる。場合によっては、対比的に個性的なものをとりあげ、それらとのちがいに気づかせるようにする ○抽象的な表現で具体性に乏しい手紙は、細やかなお礼の心が相手に伝わらないことを、対照的な二例の手紙によって理解させたい。おとなの本格的な礼状を提示することも考えたい。また、間接的には敬語の使い方などについても触れていくつもりである	○どんな条件をふまえた礼状がよいのかという点から文例を分析的にみられるようになる
○話し合われたことの中から大切な点をノートする	○要するに、ここでは、「その人らしさのある手紙を書くこと」と、「どのようにうれしかったのかという具体性に富んだものがよい」ということがとらえられればよい	○多様な発言の中から要点を整理して把握できる
○まとめられた観点に従って礼状を見直す	○帰納された二つの要点から、もう一度それぞれの手紙を推敲させるようにする。清書は次時にまわす予定である	○新しい目で推敲しようとする

3　文例とそのタイプ別指導法――「お礼の手紙」資料にもとづく指導のポイント――

①　A型（形式的、一般的、没個性的な型）

A1

先生お元気ですか。
四しゅう間どうもありがとうございました。
バドミントンまでくださってほんとにありがとうございます。
また、もしこられましたら、ぜひ、ふぞく小学校にあそびにきてください。さようなら

中村　稔先生

1　手紙としてのスタイルはきちんと整い、礼にも適っている。
2　敬語も正しく使われている。
3　しかし、どうも具体性、個性に乏しく、受けとった側には通りいっぺんの感興しか湧くまい。

A2

一か月の間、べん強を教えて下さったり、あそんでもらって、ありがとうございます。
それにバドミントンまで下さってありがとうございます。さようなら　お元気で

武田　美子先生

1　必要なことは、そつなく述べられている。
2　しかし、この手紙を書く段階でこの手紙の為に、特にこめられた心があるのだろうかという点、気になる。

Ａ３
一か月の間、遊んだり、勉強したりしてくれて、ほんとうにありがとうございます。
また、今度三年四組に来て下さい。さようなら
武田　美子先生へ

最も簡潔な手紙である。しかし、いささか味も素気もないという感じである。その人らしさが一味欲しい。

Ａ４
先生、一か月間おしえてくれたりあそんでくれてどうもありがとうございました。お手紙下さい。
相田　かをる先生

1　これではわざわざ手紙を書くには及ばない。
2　わずかに「お手紙下さい」が個性的でいじらしい。

Ａ５
中沢先生、一か月の間勉強をしたり遊んだりしてくださって、どうもありがとうございました。
教生の先生がいなくなったら、とってもさびしくなりました。それから、バドミントンの道具をどうもありがとうございました。
ひまがあったら三年四組にきてください。さようなら
中沢先生

1　行きとどいたことばづかいで丁重である。
2　いわゆる優等生型のそつのない文章である。

3　しかし、やはりその人らしさに乏しく、だれに対しても同じ文章で書いただろうなという気がする。

② B型（個性的、具体的で比較的よくできている型）

B1

中村先生お元気ですか。ぼくは元気です。きのうはバドミントンや、先生の、ぼうしをくれて、どうもありがとう。今日は、みんな朝早くきて、バドミントンをやっていました。ぼくもやりました。とても楽しかったです。

今度あそびにきた時は、バドミントンや野球をしてあそびましょう。さようなら。

中村　稔先生

1　第二、三、四、五文に「ありがとう」ということの内容が具体的に書かれている。

2　「ありがとう」ということの内容がこのように書かれていると、書いた子の表情や姿態までがイメージされてくるからふしぎである。

3　「今度あそびに……」の文の誘いも読む者に期待の心を湧かせる点で効果的だ。

B2

相田先生バドミントンどうもありがとう。

三年三組にあったので、四組にもあったらなと思っていました。もらった時はうれしかったです。

それから、朝や昼はバドミントンであそびました。

これからも勉強をがんばるので、相田先生もがんばって下さいね。元気でね。さようなら。

相田　かをる先生

1 「うれしい」ということの理由が「四組にもあったらな」という形で書かれ、お世辞でなく、本当に喜んでいるなということがわかる。

2 おわりにつけ加えた自分の心がまえもいやみがなく子どもらしいまじめさを伝えている。

B3

武田先生お元気ですか。ぼくは元気です。

おとといは、バドミントンをくれてどうもありがとう。

みんな毎日、楽しくあそんでいます。石崎さんたちは、みんなが早く来てもうとってしまうので、自分でもってきてあそんでいました。

こんどあそびに来た時は、みんなとバドミントンであそびましょう。さようなら。

武田　美子先生

1 「石崎さんたちは、みんなが早く来て……」と友だちの名まえを具体的にあげたことによって、叙述に迫真性を増し、情景が立体的にイメージされた。

2 最後の文章もやはりバドミントンについて書かれており、いっそうテーマが一貫してよろしい。

B4

バドミントンどうもありがとうございます。

三年四組にあそび物がふえてとってもうれしいです。

毎日毎日、バドミントンをつかう人はこんざつしています。

それでは、さようなら。

武田　美子先生

1　「毎日毎日、バドミントンをつかう人はこんざつしています。」の一文はこの場合、大変効果的な働きをしている。

2　この手の文章を下手にほめると、この種の文を形式的に真似る子も出易い。

B5

中村先生、お元気ですか。わたしは元気です。

きのうわたしたちにはバドミントンを、先生にはぼうしをかってくれてどうもありがとう。わたしはきょうははやく学校にきてバドミントンをしました。とてもおもしろかったです。

中村先生またこんどあそびにきてね。さようなら。

中村　稔先生

1　「わたしたちにはバドミントンを、先生にはぼうしをかってくれてどうもありがとう。」という文章にはこの子らしさがある。

2　「はやく学校にきてバドミントンをしました。」という文が喜びを具体的に伝えている。

3　C型（個性豊かな文例。巧まざる中ににじみ出た個性は読む人の心を和らげる。）

C1

相田先生、四週間の間、どうもありがとう。

先生は、茨城県に住んでいるんだってね。ぼくの、おばあちゃんも、茨城県にいます。先生の所のゆうびん番号とおばあちゃんのゆうびん番号は、同じで、茨城県の親せきにあたる人の所が三一〇—二四です。

また会いましょう。
相田　かをる先生

1　おもしろい、楽しい手紙である。
2　この手紙の良いところは「先生と子ども」という二人だけの間に成立する交信である点にある。まことに個性的である。
3　お礼状としての体裁からはやや問題があるが、初文一行に思いをこめたと見たい。

C2
先生は、みんなとわかれる時、女三人の中で先生だけなかなかったからぼくは「強いなあ」と思いました。でも先生はやさしいから強くたって、はずかしくありませんよ。おわかれ会の時、バドミントンをくれてどうもありがとうございました。
相田　かをる先生

1　よくとらえている。この子は口数が少ないがスポーツマンで心が平らなので女の子に絶大な人気がある。
2　「でも先生はやさしいから強くたって、はずかしくありませんよ。」は何とも泣かせる一文だ。

C3
バドミントンどうもありがとうございます。
まだ、わたしは、バドミントンであそんでいないのでこんどあそんでみます。
うちにもバドミントンがあるけど、やっぱり、中沢先生たちから、いただいたバドミントンの方を、一回ぐらいつかいたいです。

では、さようなら。
中沢　久仁子先生

同じバドミントンでも「中沢先生たちからいただいた」のを使いたいという書き方に個性的な親しみが出ている。

C4

武田先生が、最後の日にないたのを見たから私までなきたくなってしまって、家に帰ってから、私はないてしまいました。
武田　美子先生

光ることばである。ことば少ない中にしみじみとした余韻を残している。控えめな、目立たない少女の便りである。

C5

メガネ先生、コンニチハ、先生たちがいなくなってとってもサビシイ。バドミントンは、うれしいけど、先生たちとあそんだほうがやっぱりたのしいナア。あたらしいきょう生の先生がきても、先生たちのことゼッタイわすれないヨ。
中沢　久仁子先生

いささか、センチメンタルかとも思えるが、受けとった側ではやはり嬉しかろう。受けとる人の心をほのぼのとさせる手紙は、やはり良い手紙である。

ただし、このような手紙はスタイルとして覚えさせてはいけない。「先生と子ども」という間にのみ成り立つ固有の文章でありたい。

C6
コンニチワ
一か月間、ありがとう。
わたしのおかあさんは、先生がいちばんかわいいといっていました。
先生たちがいないのでとってもさみしいです。
先生いつでもいいから、あそびにきてね。
じゃあ、バァイ
武田　美子先生

1　第三文「わたしのおかあさんは、先生がいちばんかわいいといっていました。」というところが何ともよろしい。

2　「先生と子ども」の固有の交信に三者である母親のことばを引用したところにこの子の工夫があり、受けとる側を喜ばせる。

3　短いさらりとした文章であるが格別の親しみをこめた作品というべきであろう。

4　参考範文例（白磁　出石焼の玉露揃を贈った折の礼状）

参考までに、手紙文の名品を一つ紹介しておく。これは、私が白磁の玉露揃（出石焼）を呈上した折の礼状として戴いたものである。さらりと書いていて、しかもこれだけ格調の高い手紙は、滅多に戴けない。

今年も残り少なくなってまいりました。

年の瀬のお忙しい毎日、御皆々様お元気でお過ごし遊ばしておいでの御事と存じ上げお嬉しゅう存じ上げます。

さて、昨日は、誠に丁重なる御品をご恵送賜り家じゅう大よろこびで拝見させていただきました。御こと多くいらっしゃいますのにいつもいつもお心にかけていただき、御礼のことばもございません。

白磁の、そのすがすがしい中に品のよい温みと優しさが伝わってまいりまして、心のなごむ思いがいたします。

身も心も改まります初春に初めてこの御器でお茶を頂戴させていただき度く、母も又してはお箱を開きましてはたのしませていただいております。何か、とても倖せな年を迎えさせていただけますような思いがいたします。厚く〱御礼申し上げます。

先日頂戴いたしました新鮮なお野菜の数々、久しぶりでいたゞきました自然薯の本物の味と香りは格別でございました。お正月用にも、大切に砂の中に埋めさせていただいております。

御皆々様お揃いで、一層よいお年をお迎えあそばされますよう御尊父様はじめ御皆々様のご健康とご多幸を心よりお祈り申し上げます。

忙しさにとりまぎれて失礼ばかり申し上げておりますが、主人からもくれぐれもおよろしゅう申し出ております。何とぞお許しくださいませ。

かしこ

五十一年十二月十八日　○○　○○

二　省エネで大きな効果、日直作文

現場の教師、とりわけ学級担任の日常は大変多忙でめまぐるしい。そういう多忙さの中で、ある実践を継続していくためには、理想的なこと、労力が大きいこと、負担になることは避けた方がよい。

教師の労を軽くし、かつ子どもの力を大きくつけるような、そういう方法を考えていかないと長続きはしない。私の実践論は、常にその多忙の中から生まれたものであり、理想論や観念論でないところに特色がある。

ここに紹介する方法は、すべて子ども自身によって作文学習を進めさせるというものである。「省エネで大きな効果」というタイトルに偽りがあるかどうか、まずは読んでいただくことにしよう。

1　原稿用紙は黒板だい

作文朗読で授業開始——千葉大学附属小　野口教諭のユニークな作文教育

広い敷地の千葉大学、その一角に位置する附属小学校のまた片隅にある三年四組（野口芳宏教諭担任）の始業第一声は、教室の前面と背面いっぱいに板書された作文の朗読でスタートする。作文は日直の男の子と女の子がみんなより十五分ほど早く登校して板書したものだ。「子供に基礎的な作文力をつけるには、国語科での作文の時間だけではむずかしい」（野口教諭）と始められた〝日直作文〟の実践は、年中無休でもう六年近くになるという。この野口作文教室をのぞいてみた。

登校する子供の姿もまばらな朝八時十分、三年四組の教室からは、もう元気な声が聞こえてくる。そのなかで、家で書いてきた作文を日直のT君が前面の黒板に、Yさんが背面の黒板に黙々と書き続ける。

T君は「生きているみたいでにくらしい信号」と題して、急いでいるときに赤信号を待つ気持ちを、Yさんは妹が目の手術をする日と、後日見舞に行ったときの感想「妹のしゅじゅつ」を書いた。

朝のそうじ、自習の時間が過ぎた九時十分、日直作文の朗読と批評が始まる。

まずT君が、続いて全員が朗読したあと、野口教諭が「生きているみたいでにくらしい信号」などの部分を「自分のことばで書いているので新鮮だね」とほめながら「でも、『パット信号が赤になった』の〝ト〟はひらがなで書くべきだし、〝号〟の字も形がおかしい」と指摘。さらに行の乱れなども注意しておく。

同様にYさんの作文も朗読のあと、妹の手術の日「ハラハラしてそうじのこともわすれてしまいそうだった」という文を「妹を思う正直な気持ちがあらわれているね」とほめ、また「『大好きだった妹が』というのでは、妹さんが死んでしまうね。大好きなとしないと……。」と、ユーモアを交えながら文の誤りを正す。

この時間が全部で十分ほど。作文の発表会が終わり、それから一時間目の授業開始となるわけだが「小さなメモ用の黒板でなく、大きな黒板に作文が書いてあるからこそ、これを消さないうちは授業をスタートできないし、黒板の作文を無視しては授業を始められない。だから毎日続けられてきた」という。

黒板いっぱいの板書には多くの効果がある。それらをまとめると、

①　一つひとつの文字に気をつけて板書する

②　硬筆習字の成果の発表の場となる

③　表記上の誤りも、クラスの全員に注目され、本人だけでなく全員の勉強になる
④　必ずその日に大切に評価され、的確に処理される――など。
さらに自分の作文を全員に朗読発表することは、自然と自分の作文を改めて見直すことになり、文章を推敲する態度や技能が身につくほか、他の子供たちも友だちの作文を見ながら表記上や表現上の問題点や、優れた表現の部分を見つける態度が身につく。

この実践の継続で「経験では、二～三ヵ月で表記上のルールはほとんどの子供が理解し、身につけるようになる」という。それは、「国語の時間などに、ときたま書かせた作文に赤ペンを入れる方法とは、大きな差がある」と語る。

野口教室では、このほかに一校時前の自習時間に、漢字の意味、画数、つくり、音・訓読み、熟語例などを、日直が調べて発表する漢字学習も行われている。調べる漢字は毎日一字ずつで、日直以外の子供は「新出漢字学習用紙」にそれを写す。

また欠席したり、忘れ物をしたときなどの伝達には「生きた機会に書かせる作文こそ、ほんとうの値打ちがある」とのねらいから、官製ハガキと同等の「学級ハガキ」を用意し、これに書かせるという実践もしている。

「日常生活のなかに作文指導の場を広げ」「その気になれば誰もができる方法」が実践されているわけだが、子供たちからそれを苦にする声は聞かれなかった。子供たちの作文は年度末に文集「野びる」二十号にまとまる。

「日本教育新聞」（昭和51年3月18日号）

この記事は、小学館の「小三・教育技術」誌に私がのせた記事を読んだ日本教育新聞社の渡辺記者に取材されたものである。

取材の日が昭和五十一年三月二日であったので、出席番号二番の田中龍博君と、藪《ヤブ》長真世さんが日直であった。田中君は、児童用のいすにのっかって書いていた。黒板の左の上には、原稿用紙に書いてきたその日の作文がマグネットで貼られる。

黒板の作品は、発表後話し合いをした後に消されてしまうが、私の机の上には原稿用紙に書かれた元の作文が残ることになる。

これをずっと保存しておいて、学校文集にのせたり、あるいは、学級文集にのせたりすることになる。要するに日々の継続的な実践が、作文指導のポイントである、というのが私の主張である。

2　日直作文の進め方

日直は、男女各一、計二名、出席簿の順に一日ずつずれて当番にあたる。日直は、所定の原稿用紙に家であらかじめ書いてきた作文を、当日は十五分早く登校して全文板書する。

男子は前面の黒板いっぱいに、女子は背面黒板いっぱいに（むろんどちらが前面でもよいが――）ていねいに板書する。始業第一声は、この作文の朗読からスタートするのである。これを毎日毎日続けて、私はもう五年になる。

この方法や効果をかいつまんで書くと次のとおりである。

①　子どもに板書させる意味

子どもに黒板いっぱいに板書させるのには多くの効果がある。

まず、子どもはていねいに、ひとつひとつの文字に気をつけて板書する。硬筆習字の成果の発表の場ともなる。

乱雑に書く子ども、美しく書く子ども、念入りな文字を書く子ども、いいかげんな文字を連ねる子ども、実にさまざまである。

誤字、脱字、送りがなの誤りなど、一見して診断できる。改行の誤りもあり、会話でありながら、かぎで囲まない子どもも出てくる。

そのようなもろもろの表記上の欠陥が、板書させることによって一目瞭然となる。それらが、クラスの子ども全員に注目されるのであるから、書く本人だけが勉強になるばかりでなく、それを読んだり、見たり、聞いたりしているクラスの全員が一斉に同時に作文の勉強をすることになるわけである。

また、毎朝欠かさず前後の黒板いっぱいに子どもの作文が書かれているので、それを消さないうちは一校時の授業はスタートできない。かくて、何よりも、まず作文の発表会が優先されることになるのである。原稿用紙に書かせたものは、とかく多忙に追われて戸棚の隅に積まれがちであるが、黒板に書かれた作文は、必ずその日に大切に評価され、的確に処理される。必然的に作文指導が連日継続されることになってくるのである。

② 作文批評の目が育つ

日直は自分の作文を板書し、それを全員に朗読発表するので、自ずと自分の作文を改めて見直すことになる。これによって、文章を推敲する態度や技能が身につく。事実、原稿を見ながら黒板に書く段階になって、主述や修飾関係の不整合に気づき、そこを改めて板書している場合もまま生じている。

一方、友達の作文を目で見ながら朗読を聞くクラスの子どもたちは、表記上の問題点や、表現上の問題点、またすぐれた表現の箇所などを目ざとく見つけるようになる。この体験を毎日欠かすことなく継続することは、正しい文章表現の技法を身につけるうえできわめて効果がある。

私の経験では、二～三か月の日直作文の継続によって、表記上のルールはほとんどの子どもが理解し、身につけるようになる。句読点さえ忘れる子がいる四月の状態が、六月にもなると見違えるように正しい表記ができるようになってくる。これは、まれに書かせた作文に赤ペンをいちいち入れる方法の非能率に比べて絶大な効果ということができよう。

③　年中無休とする

土曜、日曜や祭日は学校は休みであるが、日直だけは一か月単位で全日をふり当ててしまうのがよい。そうすると、作文だけはその日に必ず書くということになる。月曜日の黒板は、月曜の日直だけが使う権利がある。けれども土曜、日曜日に当たった日直の作文も、みんなの前で朗読だけはされ、聞いてもらえるということにしておく。

このような約束によって、私のクラスの子どもは、毎日二編、年間実に四百編を超える作文に接することになる。一人の子どもが十数回黒板に自分の作文を発表することになるのである。

これだけの継続の間に、かぎの使い方、句読点のうち方、かたかなの使い方、段落の作り方など、知らずしらずのうちに身についてしまうのだが、それはむしろ当然と言えよう。

毎日これを継続するためには、一回の作文批評の時間を思い切って少なくすることが必要である。一日一事項の指摘に限っても、長い間にさまざまの指導ができるからである。一作品について、くどくどと雑多な注文や文句をつけることは、時間を多くとるだけでなく、長続きもしなくなりがちなので禁物である。

④　ジャンルを豊富にする

四月は日記、五、六月は手紙、七月、九月は詩の形式でというように、ある期間を区切ってジャンルを変えていくことが、子供の興味や意欲を盛りあげるうえで効果的である。また、それによって、偏りのない作文全分野の指導が生まれることになる。

⑤　作品ストック

子どもが黒板の作文を読んでいるときに、教師は提出されている原稿用紙を見ている。よく書けている表現部分には◎〰〰のしるしをつけ、評語を一言加えてやる。作品を、上と中とに分ける。別に文集掲載用の特上作品には五重丸をつけてやる。特上作品は秀作集のファイルにすぐとじこみ、他は日直作文ファイルにストックしておく。学期末や学年末に文集を作るとき、秀作集の中からすぐに候補を選べるのも便利である。また、作品に下の段階を設けないのは子どものせっかくの作品を大切にしてやりたいからである。

作文をすぐに子どもに返してしまうと結局散逸させてしまうことが多い。年度末に目次と表紙をつけさせて作品集としてやるのがいちばんよい方法のように思われる。

3　日直作文の文例

（例一）

☆「ウン、ヽ、ワカッヽ、タ」とうなずく、ようご学校の子供

昭和四十九年五月十五日　⑮　〇〇〇〇

土曜日の帰り、大学の中の道で、ようご学校の子供たちといっしょになった。

その子供たちは、しばふの上で遊んでいる。私は、何の気なしに注意をした。

「しばふの上で遊ぶのは、いけないのよ。」

すると、一人の子はやめたが、他の子がまだやっている。そしてその一人の子が、私の所へ来て、

「ドウチテ、イ、ケ、ナ、イ、ノ、？」

と言った。私はびっくりしてしまった。私は心の底から注意したわけではないのに……。

私は、答えるのに少し困ってしまった。が、すぐ、

「あのね、あなたたちはね、せたけがのびるでしょう。でもね、しばふはね、あなたたちがしばふの上であそんでいるとせたけがのびなくなっちゃうの……。わかった？」

「ウ、ン、ワ、カ、ッ、タ……。」

私は、このでき事によって、ようご学校の子供たちをかわいく思うようになり、また、感心もした。

私は、心の底から、心をこめて注意したわけではない。なのに、あの子は良い子になろうと思い、本気になって直そうとしている。

この日私は、どうしてかわからないけれど、一日じゅう嬉しかった。


ざっと六百字程度の長さである。原稿用紙一枚に書ききれないことも出てくる。その場合は、黒板に半分ほど書いて、あとは口頭で紹介するということもある。

五月十五日なので、出席番号の⑮番、Nさんが日直に当っているのである。私が在職当時の千葉大の附属小学校では、一クラス男女各二十名であるから、二十一日には、一番の子どもに日直が回ることになる。男女の人数が同じでないところなどでは、適宜の工夫を加えればよいだろう。

なお、作文を書いた日付は必ず書かせるようにしつけておくと、後々でよい記念にもなるし、思い出にもなる。


(例二)

☆「からだのこと」　昭和四十九年五月十七日（金）⑰　○○○○

六年生ぐらいになると、いろいろおとなになるじゅんびができはじめてくるそうだ。そして、いろいろからだに変化が起こってくるのだ。これを生理という。

けれども、これを変な風に理解してしまって、そういうふうになった女子をからかったり、

「あいつはなるのが十年後だ。」

などと平気でいう男子がいる。女子にもそういう人がいるが、これは許せないことだ。

近眼だとかいうのは自分の不注意からなる場合もあるが、こういうよろこばしいことを変なふうに言うのはおかしい。なったら、「おめでとう」をいうぐらいの事なのに、反対にからかったりするのはどうしてなのだろうか。

ある日の帰り、

「おい。生理って知ってるか。うちのクラスにどのくらいなってるのがいるか。」

なんて言う男子がいた。

そして、そういう人の名前をいくつもあげたあげくに、

「だれはすごい出てるぞ」

とか、そういうことを言うのである。

それをある女子が聞いていたのだが、こういう話をしていると、生理というものはいいことと思わなくなっ

てしまうだろう。

また、生理というものは、男子にかんけいないものと決めつけて、へんなふうにひみつにする人がいる。だから、ますます男子は変なふうに理解してしまうのだ。

男子のみなさん、女子をボインだとかなんとかと言ってからかうものではありません。ちゃんと女子のことを知ってください。


かなり大胆なことを書いたものである。書く方にも勇気が要ったであろうが、これを朝の会の前に読まされるクラスの子どもたちにも勇気が要る。

当然この日は、読んだあとのありきたりのコメントでは済まされなくなり、二十分ほど一時間めを費やして話し合いを持つことになった。今で言えば、それこそ本物の性教育の場面であった。

日直作文は、このように身近なことが書かれてくるので、当然のことながら、時には道徳の指導にもなり、時にはしつけの指導にもなり、また時には社会科の勉強にもなることがある。いずれにしても、この日直作文は中々有効な方法である。

公開研究会でも一校時が公開時間に当たったときには、私は日直作文の方法を展開したので、それを見た先生方の中にはかなりこれを実践してくれた方がある。ある期間を限定すれば誰でも実行可能な良策である。

三　誰でも書ける、生活作文

生活文というジャンルは、学校だけで通用する特殊な用語である。きちんとした定義や概念規定はできないが、何となく意味はわかる。きちんとしないだけに幅広く使える便利な用語である。だからこのことばは広辞苑などにも載っていない。こういうことばを、私は「現場用語」と呼ぶことにしている。

生活文というは、「身近な経験や生活に取材した作文」というほどの意味であり、いわゆる文種・ジャンルと言うよりは、むしろ取材の対象を表したことばととらえるほうがよい。

ところで、この「生活文」は、学校で書かせる作文の中で、最も大きい比率を占めるジャンルである。手紙、創作、詩、読書感想文などを除けば、残るものはほとんど生活文である。日記も生活文の一つと言えなくはない。

なぜこうも生活文がよく書かれるのか。それは、何よりも、子どもにとって「書きやすいから」である。なぜか。それは、自分の体験したこと、実際に見聞したことを書けばよいからである。だれよりもそれについては書き手がよく知っている。よく知っていることは、人に伝えたいという表現本能にも合うのである。昭和四十二年版の指導要領では、生活文だけが、一年生から六年生まで、全学年に課せられていたが、理由のあることである。これらの特質をふまえたうえで指導にあたることが大切である。

1　指導の原則

①　価値ある素材を選ばせる

日々の生活は不断に連続し、その中では時々刻々様々なできごとが生じ、起こり、去り、消えていく。これらをすべてつづろうとすれば、生活文の種はまさに無数である。

しかし、作文指導の時数には限りがあり、わずかの時間で効率の上がる指導をしなければならない。生活をつづればよいとだけ考えて日常のできごとを羅列させても作文力は伸びない。

素材が無数にある、その故にこそ、価値ある内容を書かせたい。何を作文として表現するか、そこからがすでに作文指導の出発である。

その観点を端的に示すならば、要するに「強く心を打たれたこと。忘れられないこと」に尽きる。心を打たれたことの中には、うれしい、悲しい、くやしい、辛い等々様々あろう。いずれでもよい。筆者に、何よりも「書きたい」「伝えたい」という欲求がなければ作文行動は始まらない。この作文行動が自発的に生じるが故に、生活文を書かせることには意味があるのである。

自発的な作文欲求を十分に満足しうるような、価値ある内容を選択させることに、第一の原則をおきたいのは、以上のような理由からである。

② 書くことがらを絞らせる

書こうとすることを詳細に知っていることは、とかく、だらだらと山場のない文章をつづらせることにもなりやすい。せっかく価値ある素材を切り取っても、それについての構成が緊密を欠けば決してよい文章にはならない。

短いが、生き生きとした文章で手際よくまとめられているのがよい文章である。そのためには、事件の一部始終を書かせるのでなく、ごくその中で書きたい山場を選ばせるようにしたい。そして、記述に当たっては精粗の別をわきまえさせ、絞った山場を詳しく、そうでない部分はあっさり書かせるようにしないと退屈な作文になりかねない。

とは言っても、子どもにとっては、書くことがらを絞るというのは決してやさしくはない。家族でデパートに行ったなどということでも、出発の様子から、帰って夕食をとるまでという書き方になりがちである。

その対策として、題名を詳しくさせることは効果的である。「デパート」よりも「デパートの縁日」としたほうが絞られた作文になるし「縁日でやっと金魚を買ってもらった」という題名ならば更に内容が絞られる。「運動会」でなく、「百メートルのスタートに立ったとき」とか「追いぬかれてくやしかったリレー」等の題のほうがすぐれた作文になる率が高いのである。

③　感じたことや考えたことを書かせる

生活文の内容は、体験や実際に見聞したことが多い。つまりそれは、書かれる作文の中に、自分が存在するということであり、息づき感じる自己がその作文の中にいるということである。

それだけに、ことがらの報告だけに終わる生活文はまことに魅力に乏しい。そのとき、その場での作者の思いや心理が十分に語られてこそ、血の通った生き生きとした作文になるのである。

生き生きとした作文になるかどうかを決める要素にはいろいろあるけれども、有効なものの一つに会話のとり入れがある。会話は、そのときのその人の、心理、感情を最もよく表現する。「お母さんもおいしそうに食べました」と書くよりも、「おいしいわ。光子ちゃんが作ってくれたから、よけいおいしいのね」という会話を入れるほうがずっと生き生きとしてくる。

会話はありのままに入れるのがよい。そのときの、ありのままの会話というのは、まことに生きているものである。「先生が『早く入りなさい』とおっしゃいました」という、礼儀正しいつくろいよりも「先生が『さっさと入れ』とどなりつけました」と、ありのままに書く方がずっと文章に迫力が出る。

④　具体的な表現をさせる

生活文は、再々述べたように、生活者としての自己が作文の中に実在している。これが生活文の最も大きい作文指導上の強味である。だから、生活文の文章が概念的であっては話にならない。つとめて概念的な表現を排していく努力、指導が肝要である。「悲しくなりました」という一つの感情を、もっと見据えさせるようにしなければならない。「目が熱くなりました。父の顔がかすんで見えました。ぼくはこぶしでぐいと目をこすりました」というように書かせたいものである。

このように、具体的にことがらを認識していく態度の形成は、柔軟な創造力を養ううえにもきわめて重要なことであり、それは作文の基底でもある。

2　指導の実際

グリコをされなくてよかった　　53・5・8　〇〇〇〇

「しまった」のひとことだ。国語の教科書を土曜日学校に忘れて、教科書を読みたくても読めなかった。

ぼくは、学校に行くときグリコをされるかくごで出かけました。ぼくは、うんざり、朝からいらいらいらいら。

先生に国語の教科書を読まなかったことを話さないほうがいいかなと考えた。でも、やっぱり正直に言った。「正直はいいものだ」と、前の下峠先生が言ったからだ。

ぼくは、わすれ物とどけに書きました。そのとき、みんながぼくのほうをじろじろ見て、ぼくはいやな感じがしました。でも、ほんとうにグリコは痛いなあ。ぼくは、だれか一人わすれ物をした人がいないかなあと思っていると石井君が前に出ました。ぼくも、すぐそのあとに続いて出ました。

> 先生の前に来たとき、むねがどきどきしました。足も手もふるえました。
> 先生の目を見ると、なんだかグリコをしそうでしない目です。わからないのでそうっとしのび足でいすにすわりました。
> ぼくは、いすにすわってからも少しふるえていました。心で、ふるえよとまれ、と言ったら、きゅうにふるえがとまりました。

五百字程度の小作文であるが、生活文としての典型的な要素を含んでいると思われる。以下にこのような作品をどう見たらよいのか、また、どのような指導が必要とされるかという点についてポイントを述べておきたい。

① 題名について

作文の山場、中心、主題をよく表した題名と言える。そもそもこのような題名で書き始めたことが、本文を、よくまとまった構成とさせ得たのであろう。このような題名のつけ方をさせることがよいと私は考えている。ちなみにこの作文は、「構想メモ」や「計画表」などと言われるものは一切使っていない。ぶっつけ本番の作品である。長い作文の場合は別として、構想メモ等は必ずしも必要ではないと思う。

② 素材の価値について

よい素材を選んでいると思う。本人にとっては動悸高鳴るひとときであったにちがいない。

ちなみに、グリコというのは、先生の二つの握りこぶしでいたずら坊主の頭をグリグリと強くはさむ、あのユーモラスな処刑法である。「忘れられないこと」と言えば大げさになるが、少なくとも数日の中では心を動かした事件であったのだろう。子どもらしい素材の切りとりである。

③　会話について

この中には、会話が一つもない。すべて三者的観察、または本人の心理の叙述に終始している。しかし十分に生き生きと描かれていると言えよう。

この作文の中で語られている時間は登校時の心を述べた初めの数行を除けば、わずか三、四分の間のできごとに過ぎない。しかも、その息づまる三、四分は会話がなく過ぎた。だから会話がないのがリアリティーを増しているのである。こういう場合はこれでよいわけだ。

④　表現の正しさについて

です・ます調の混在、四段落の文の順序の不整合、六段落の舌足らずな表現、書き出しの文の不安定さなど、指導しなければならない点がある。

生活文は、とかく、生活の見つめ方や考え方のユニークさや深さを問題として、このような正しい表記、あるいは表現技法についての指導をおろそかにしがちである。しかし、それではいけない。物の見方、考え方の深さや確かさが、正しい表現ルールに裏づけられたとき、いっそうこの説得力は高まってくる。指導要領では、この点に一つの力点を置いているが当を得たことと思われる。

⑤　作品のレベルについて

中の上というところであろう。何よりもよいと思うのは、表現が自由でのびのびとしていることである。気楽に淡々と述べているところに素直な味わいがあると言えよう。

指導によって、めきめきと変化や伸びを見せていくのがこのレベルの子どもである。おおいに作品をほめて、今後に期待したいものである。

四　いつでも書ける、アイデア作文いろいろ

作文力を高めるには、何といってもたくさん書かせることが一番である。日常生活のあらゆる場面をとらえて書くことに慣れさせるようにしたいものである。

その上、書くことが、何らかの必要を満たしたり、何かの役に立つように仕向けられれば一層効果的である。以下に紹介するのは、そのような私の実践の片々である。

いずれも、一、二か月の期限を切って実践するとよい。長く続けるのは結構だが、飽きてきたり、いいかげんになったり、形式的になったりしたのでは、書くことの本来の意味が失われてしまう。すべからく、どんな実践でも期限を切って行う方が新鮮味があるし、効果的である。

1　諸届の実践

欠席届、体育の見学届、遅刻や早退の届なども、私の学級ではすべて子どもに書かせることにしている。このようなものは、当然保護者が書くべきだというのが常識であるが、学校という場に生起するさまざまな事態を、効果的に作文指導の場として位置づけ活用することは、決して悪いことではない。そのような、生きた場で書かせる作文こそ、本当の値打をもっている。学校の作文は、とかく文芸主義に傾斜して、生活の実用に役立たない恨みがあるが、それは、私のような実践によってかなり克服できるはずである。

欠席や見学の諸届は、親のサインを必要とすることにしている。こうすることによって、学級の作文というものが、コミュニケーションとしての場に開かれていくことになり、実用的な効用をもたらすことになるのである。

2　作品の解説

図画や工作の作品について、制作のたびに二百字から四百字程度の制作コメントをつけさせるようにしている。このようなことは大変煩瑣のように思われるが、子どもは案外喜ぶものである。制作の意図や苦心、また、思うようにゆかなかったことに対する弁解、あるいは会心の作に対する解説などは、子どもにとって苦痛ではなく、むしろ喜びであるらしく、私のクラスでは、ほとんどの子どもが一つの作品を作れば、必ずそれに四百字程度のコメントをつけることが日常化されている。

3　学級日誌や学級新聞

これらを、作文指導の一環として位置づけている教師は意外に少ない。実はこれらこそ、作文指導の成果であり、同時に恰好の指導の場である。書式や文体、割りつけ、内容についてなど、指導すべき事柄は実に豊富である。要するにあらゆる日常的な場を作文指導として生かすことが、作文力をつける根本であり、その実践を積極的に進めるべきであるというのが、私の持論である。

4　学級葉書の実践

この方法は、官製葉書と同大同形式の学級用の葉書を用意して、折に触れては発信させる方法である。切手だけは貼る必要を認めないが、郵便番号はむろんのこと、所番地に至るまで官製葉書を使うときと全く同様に使わせるのである。わざわざ厳密な同形式をとらせることは、真似ごとという意識を捨てさせ、本当の葉書に書くのだという迫力を持たせたいためであり、これによって、本当の葉書を書くことの実習ができる。

私信とはいえ、必ず担任が全文に目を通し、相手に渡してよいと認めたときに切手部分に消印を押してやるようにする。消印のないものは、むろん無効であり、発信してはいけないことを約束しておく。消印は検印でも、サインでもよい。

私信であるから、教師とはいえ、検閲すべきではあるまいという考え方もあるが、妥当ではないと思う。少なくとも教室という場での、教育の一環としての実践であるから、必ず教師はその内容について目を通すべきである。いわんや、相手に渡る書信というものは、渡してしまってから失礼がわかったのでは遅い。

かつて、友達の見舞状を書かせたときに、霊柩車の漫画を描いた子どもがあって驚いた。強い悪意はないにしても検閲をしないで相手に渡ったらと思うと冷や汗が出た。つい、軽い気持ちで、冗談のつもりで書いてしまうことも子どもの世界にはありがちなことであるが、手紙を受けとった相手の受けとめ方は、必ずしも発信者のような気楽さではすまないこともある。消印のないものは無効としておくことによって、敬語の使い方、文字の書き方、文体の不統一など、さまざまなことが指導できることになる。

学級葉書は、学級のコーナーに備えつけておいて、自由に書き、教師の消印をもらって相手に手渡すことにしているが、このような、いわばフリースタイルの活用のほかに、一斉に書かせる次のような場合がある。

・旧担任への近況報告
・教育実習生へのお礼の手紙
・学級ＰＴＡの案内状
・友達への見舞状

・学級に対する意見書
・担任への要望書
などである。

同一条件同一形式のもとに書かせるこのような葉書の場合は、多様な形式や内容をもった生活作文のそれぞれを相互比較する場合に比べて、比較の観点が一定であるので指導がしやすいことになる。

馬鹿丁寧なことばづかいにすることはないが、必要なことばかりでうるおいのない、無味乾燥な文面も、書信であれば望ましくはない。そんなことも指導の対象になるであろう。


――付――

原稿用紙は、市販のものを用いず、できれば90kg程度の厚手のものに特別に印刷をしてもらい、穴をあけてもらうとよい。私の学級では、年度初めに一人当たり百枚として約四千枚の原稿用紙を作ってもらう。

市販されているB４判の原稿用紙を二つ折りにすることは子どもには中々困難であるが、この形式ならその必要はなく、厚手であるから紙がよじれることもない。

また、厚手であることはカードとしての役にも立つので至極便利である。

私の使っている原稿用紙については拙著『子どもは授業で鍛える〔増補新版〕』（明治図書刊）の中に詳しく紹介してあるので参照して戴ければ幸いである。

第四部 元気が出る作文上級レッスン

Ⅰ 思いを凝らせ！ 上級第一レッスン

一 味わいを深める――「鑑賞文」の指導――

「鑑賞文」ということばは、一般の辞書にも、国語教育用語辞典にも出ていない。「鑑賞文選」というような読本が大正十四年に月刊で発行されたことがある。これは、名家の名文、範文、また子どもの作になる名文を集めたものであった。そこでは、「鑑賞に値するようなすぐれた文章」というような意味で使われている。

私がここで述べようとするのは「作品を鑑賞して綴る文章」という意味である。「かく解し、かく味わう」という子どもの文章である。

これらを綴ることによって作品への接近が図られ、味わいが深まることになる。また、教師の側からは、その子の鑑賞の相やレベルを推測するバロメーターにもなる。

さらに、子どもたちは自分の味わいを綴ることによって作文力を養うことにもなる。

1 「青瓜」の鑑賞文

まず、三例ほど、大木惇夫の「青瓜」についての鑑賞文を例示してみよう。いずれも上出来というわけではない。大真面目で書いているのだが、いささか大人の我々から見れば見当違いのようにも感じられる。

しかし、そうだからこそ子どもなのだとも言えるし、こういうところから指導をスタートさせる必要があるという例にもなるのでとりあげてみたい。

これらの三例から、子どもたちが陥りがちな鑑賞の傾向を帰納することもできる。どのような傾向があるのか考えながら読まれるのもよいだろう。

青瓜の鑑賞文

青瓜

すずしや母のこころ
青瓜の
露けきころをもぎたもう

大木惇夫

① 佐藤規子

朝、とても早いころ外に出る。

きりが少し出ていてとても気持ちのいい朝。惇夫に青瓜を食べさせてあげよう。

「あっ、あそこのはじに、とてもみずみずしい青瓜がある。あれを取ろう。」

――一つ取る――

とても冷たい。

「きっと惇夫が喜んで食べるわ。」

「そうだ、ついでにもう一つ。」

あっ、またおいしそうなのが見つかった。

――また一つ取る――

これもとても冷たい。

体の中の骨まで通じるぐらいに冷たい。

――手に水がついている。――

いつのまにか　きりがはれている。

そろそろ惇夫も起きるだろう。早く、朝ごはんを食べさせてあげよう。

② 末吉弥和

まだうす暗い空、星がちらっと光った。やさい畑の方で人かげが動く。誰だろう、こんなに早くに。

「あ、おかあさん。」

なにをしているのだろう。と思い手元を見れば、片手にかごを持ち、片手で露がついた青瓜をもいでいた。「パシッ、パシッ。」軽い、いい音を聞きながら、私は考えた。「だれにあげるのだろう。」と。

朝の食事時、皿の上には、あの青瓜が五、六本のっていた。それを見た私は、「ああ、おかあさん。」と、思わず言った。そして、

母のやさしい、きよらかな心についなかされた。私のために、朝早く起き、青瓜の露のついた物を取ってくれたやさしい心に、なかされた。

すずしや母のこころ
青瓜の
露けきころをもぎたもう

③ **内藤美佳**

母さんが、また青瓜をもいでいる。こんなに朝早くから。まだ、つゆだってついている。

「あっ、光った。きれいだな。」母さんの手も、母さんの心も、とてもまぶしい。

母さんは、どんな気持ちでもいでいるのだろう。ひっしにもいでいらっしゃる。私においしく食べてもらおうと思って、いっしょうけんめいなのだ。

「わぁっ、母さんのかたに汗が落ちた！（母さん、首にまいている手ぬぐいで、汗をふきなさいよ）」

もぎ終わったらしい。しんせんな、まだつゆのついている青うりと、きれいな、すき通った母さんの心が、こちらに向かってほほえんでいる。

「母さん、ありがとう。母さん、大好きだ。」

④　子どもの鑑賞傾向小考

子どもに鑑賞指導をしてきて思うのだが、おもしろい傾向があることに気がつく。
例えば大げさな鑑賞の傾向がある。例えば、次のような表現は実に愉快である。

A　また一つ取る。これもとても冷たい。体の中の骨まで通じるぐらいに冷たい。――冗談じゃない。――

B　まだうす暗い空、星がちらっと光った。やさい畑の方で人かげが動く。誰だろう、――いくら何でも、星の出ているようなときに瓜をもぐ人はいないだろう。これではどろぼうだ。――

C　「あっ、光った。きれいだな。」母さんの手も、母さんの心も、とてもまぶしい。――少しできすぎている。どこかで聞いた風なことを言う。――

D　母さんは、どんな気持ちでもいでいるのだろう。ひっしにもいでいらっしゃる。――青瓜は簡単にもげる。「必死に」なってなどもぐものではない。――

2　「豆の葉っぱ」など

①　「豆の葉っぱ」鑑賞文　水野千夏子

豆の葉っぱ

悲しみ
口にある時は
豆の葉っぱを

ふくらませ
豆の葉っぱを
鳴らすべし
泣かまほしさの
つるのとも
な告げそ
告げそ　ゆめ人に

悲しみを口に出したくても豆の葉っぱを鳴らし我慢している。どんなに泣きたくても、一人でじっとこらえている。

泣きたい気持ちがますますはげしくなってきた。豆の葉っぱよ、悲しみを忘れさせて。豆の葉っぱを鳴らして、悲しみを忘れよう。この悲しみ、決して人に言わない。言わずにこらえよう。豆の葉っぱを鳴らしてこらえよう。

②「青瓜」鑑賞文　鈴木万里子

青瓜
すずしや母の心
青瓜の

露けきころをもぎたもう

「ああ、やっぱりふるさとはいいな。」と思う。今は夏だ。ひさしぶりにふるさとへ帰ってきたところだ。えんがわにこしかけ、前と少しも変わっていない庭をながめる。父も母も、みんな元気でいる。母の手作りの夕食を食べ、夜おそくまで話しながら起きていた。その晩はひさしぶりに少しかたいふとんに寝た。次の日の朝、もう雨戸のすきまから、日の光が入ってくる。居間に行くと、もう朝食の用意がしてあった。野菜は新鮮だ。特に青瓜はうまい。都会で食べる様なクニャッとした弾力性があるようなものではない。パリッとしたかたいみずみずしい青瓜だ。それをまるごと食べた。塩もかけた。味噌もつけた。腹いっぱい食べた。そしてその日のうちにふるさとを出た。帰りの汽車の中でも、まだ青瓜のことが忘れられない。まだ朝露がついていたっけな。もしかすると夜露かもしれない。暗いうちに母がとってくれたんだろう。私のために。私がまだ寝ているうちに取ったんだろう。あの青瓜は特別うまかったものな。それを母は、何本も私のために取ってくれた。お母さん、いつまでも元気でいて下さい。そして今度は、私がおいしい青瓜をとってあげましょう。

この二例は、ともになかなかよくできていると思う。鑑賞文を書かせることによって、鑑賞が深まるとともに、作文力も養われることが頷かれることであろう。

二　明快に主張する——「意見文」の指導——

1　学習指導案

六年三組　国語科学習指導案

指導者　野口芳宏

研究主題
個性的な根拠に基づく意見文を書かせるための取材指導のあり方

一　単元　意見文を書く――「蜘蛛の糸」をめぐって――

二　単元について

1　研究のための特設単元

本年度の国語部会では、「主題意識を中核にすえた取材指導・構成指導」を主題とする作文指導にとり組んでいる。

これまでの研究でわかったことは次の三点である。

・主題意識を高めるのには主題文を書かせることが有効である。
・しかし、主題文が書けただけではよい構想が立てられることにはならない。
・主題意識を展開していくに必要な「取材指導」がさらに加えられなければならない。

本単元は、主題意識の明確な、しかも、個性的根拠に支えられた意見文を書く力を養うべく、取材指導の研究のために特設したものである。

2　意見文と「蜘蛛の糸」

ここで書かせようとするのは感想文ではない。「意見文」である。意見文として備えるべき条件としては次のようなものがある。

・明確な主張と根拠があること
・個性的であること
・深い思索、認識に支えられていること
・論理的であること

これらを満たす意見文を書かせるのに「蜘蛛の糸」という作品が妥当であると判断されるのは次の理由による。

・正誤を決めがたい要素がある。
（個性的な立場がとり易い）
・長さ、難易度とも適切である。
・冠たる名品である。

3　「蜘蛛の糸」について

作品の主題は、「人間存在の儚さ」にある。というのが私の解釈である。犍陀多は極悪非道の人生を送りながら、ただ一つ脚下の蜘蛛の殺害を思いとどまったというだけの善行によって、血の池に蜘蛛の糸を垂れて貰えることになる。

これ幸いとその糸に縋って天への道を登るのだが、下に連なる無数の同輩に「下りろ、下りろ」と叫んだばっかりに、また、血の池に落下していく。

芥川は人間の存在を犍陀多に仮託した。人間のだれが犍陀多の外であろうか。人はみな大なり小なり犍陀多である。

仮に犍陀多が「下りろ」と叫ばなかったらこの糸は切れないであろうか。あの細い細い糸が何百、何千という人の重みに耐えうるであろうか。私にはそう思えない。恐らく「物理的に」切れたであろう。自然の法則はそう甘くはないからだ。

それ故にこそ犍陀多は「下りろ」と叫んだのである。叫ぶべきではなかった。そう叫んだことによってこの糸は切れたのだ、と多くの人が言うであろう。犍陀多の中の「悪」が叫ばしめたと言うであろう。そして、そのようにひとまず思わしめるのは、また芥川の狙うところでもあろう。

ところで、叫ばしめたのは犍陀多の悪の心であろうか。否、そうではない。正直で妥当で適切な判断そのものだと思う。つまり、人はだれでも、この場合叫ばずにはいられまい。叫ぶことによって地獄へ堕ちる、ということは、人はみな究極においてその業の故に救われないということである。私が「人間存在の儚さ」というのはそのことである。

叫ぼうと叫ぶまいと、人は所詮その業からのがれることはできない、という深い人間への洞察と憐憫こそが釈迦の「悲しいお顔」の正体であり、この一作の主題である、と私は考えている。

4 子どもの受けとめ方

この作品を子どもに読みきかせた後に、釈迦の行為は「むごい」と思うか、と問うたところ、一人残らずが「そうは思わない。」と答えた。

では、犍陀多の地獄への再落下について「当然の報いと思うか」と問うたところ誰もが「そう思う。」と答えている。

私は、このような子どもの読みとり方、考え方に対して満足できない。そのようなことは、小学校の一年生でも幼稚園生でも言えることである。底の浅い、観念的で三者的なとらえ方であると思う。だから、こんなレベルで意見文を書かせれば、碌な意見文は生まれはしない。

つまり、取材段階の指導をもっときめ細かくしなければ、よい意見文にはなっていかない、ということなのである。

三 単元の目標

○個性的な根拠を持った意見文を書くことができるようにする。

○意見文に必要な取材ができるようにする。

四 指導計画（五時間扱い）

第一時 作品を読み聞かせ、簡単に感想を話し合う。

第二時 初発の感想に基づく取材をさせ、その段階における構想表を作る。構想表の形式については端的に枠を示して記入させるようにする。

第三時　二、三の例をとりあげて取材としての適切さを検討し合う。（本時）

第四、五時　作文を書き、二、三例を紹介し合って気づいたことを話し合う。

五　本時の位相

前々時は、放課後の一〇分間を使って私の範読を聞かせ、後に五分間ほど簡単な問答をして終わった。範読は、心をこめ、力いっぱいの朗読をしたつもりである。子どもらもよく聞いていた。

子どもに手渡した資料は大人向けの全集から採ったもので、字も細かくかなり読みにくいものであったが、それにもかかわらず、大変よく聞き入っていた。

問答は犍陀多に対する評価についてであり、先に触れたとおりである。

前時は、犍陀多の行為を非とし、犍陀多の落下を当然の報いととらえる常識的な見方に基づく取材をさせてある。

本時は、その通俗性、表面性、観念性に一矢を報いて強いゆさぶりをかけ、高尚で内面的で、実感に支えられた取材に変容させようとする段階である。

六　本時の計画

目標・犍陀多を「人間」の例外ではなく、「典型」としてとらえた意見文が書けるようにする。

学習活動	指導の内容と方法	備考
1　本時のめあてを知る。	●本時は個性的な意見文を書くための取材学習である。	
2　二、三の構想の例示	●形式は一定の枠組に従っているので、論議は取材事項に向くで	●枠については次項参照

をめぐって、その妥当性を話し合う。	あろうが、大方の内容が共通しているので、教師の方からゆさぶりをかけていくことになるであろう。	●子どものあげた根拠の画一性、表面性に気づかせたい。
3　犍陀多を常人と見るか、異常人と見るかについて話し合う。	●観点として考えられること ・犍陀多が叫ばなければ糸は切れないか ・叫んだ犍陀多は悪人であるか ・犍陀多を裁く自身の心のありようは本物か 　・責める自分を省みること 　・自己凝視をすること	●ある場面では読解指導のようになるだろうが、その意図するところは、あくまでも取材の修正ということにある。
4　取材内容について、新しい吟味をする。	●訂正、修正点について話し合わせる。 ・犍陀多を語るのでなく、自己を語らせる ●題名、内容など、改めて考えさせたい。	●具体的な修正をしたいという意欲が高まればよしとする。

2　明快な「意見文」の書かせ方

1　類型的な取材ではいけない

大方の世の流れに身を任せていれば苦労はいらない。だから、多くの人は、自らに問うよりは人に問い、人の言うように身を処する。一般に深く自らを問いつめようとはしない。

「意見」というものは、本来十人十色である。それが、思いつきと恣意によるものならば大した意味はない。しかし、一人一人が真剣に自己の内面を凝視した結果生じてくる意見の差異というものは、より高みに昇るための話し合いの引き金になる筈だ。そのような個性的な意見を各自が持てたとき、初めて相互の意見に耳を傾ける意義が生じてくる。

意見を支えるのは個々の根拠であり、それらを個性的にすることは、類型的な取材への挑戦となる。

2　ゆさぶりをかける意義

人はだれでも自らを肯定して生きている。これでよし、と思っている。それによって人は生の安定を保つのだが、同時にそれは安住と怠惰を招きかねない。

作文指導においても、「書きたい事を書きたいように」というのでは大きな進歩は望めまい。「ゆさぶりをかけられる」ということは、現在の自己存在の基盤を検討されることである。これによって、はじめて目が覚めるのである。「このままではいけない」という自己覚醒が促されるのである。

「ゆさぶりをかける」というのは、浅薄な肯定を根底から疑い、深い思索に導くことである。新しい価値、新しい課題に出合うことである。子どもが初発の感想に支えられて行った最初の取材にゆさぶりをかけることは、よりすぐれた意見文を書かせるうえに卓効を生む筈である。

3　取材の枠組を与えること

この研究授業の狙いは、要するに「取材技法のよりよい向上」をもたらすことにある。向上を端的に分からせるためには、指導前と指導後との姿を比較して、その差異を明瞭にすることが得策である。

また、個々がそれぞれ自由な形式で多様な取材をしている場合には相互の比較がしにくい。

同一の形式で取材を整理させれば、その長短を論ずるうえにも便利である。

今回は次の形式によって枠組を示し、子どもに記入させることにした。

意見	根拠一	根拠二	備考
論旨を書く（主題文）	大まかにとらえたレベルの根拠	上記をくだいた根拠	その他のメモ

まず、思うとおりに気楽に書かせるようにするが、当然上の方の欄から記入させるようにする。

主題文については、次のようにヒントを出して書かせたい。「…と強く思う」と書かせるようにする。これによって、自分の主題意識がより強くなるからである。

例えば、

・犍陀多は自分だけ助かろうとしたから糸が切れてしまったのだ。そんな心をもつべきではなかったと強く思う。

・お釈迦様のなされたことは当然である。人はいつでもやさしい心を持ち続けなければいけないと強く思う。

3 「意見文」の実例

利己主義とは何か

六の三　渡辺　英里

人間というのは、常に自分が人よりも得をしたいと思っている。これは、人間だけではない。動物や鳥や魚も同じだろう。

キリストや仏様の教えは、「他人のことを考える」ことにうるさいほどこだわっている。それは、生きていくためには大切なことだ。

しかし、利他主義ばかりの生き物なんているだろうか。生き物とは、もともと、利他主義よりも利己主義的だと思う。「み仏の教え」とは理想であり、この世の中は現実ではないか。

例えば毎日のニュースだって、サラ金強盗とか、巻き添え自殺とか、誘拐殺人、灰色高官など、相場は決まっている。どれも、みんな、「自分に得になれば」「自分さえ、思い通りになれば」という心から起こった。一見おそまつな、だが、よくよく考えれば、だれにでもある利己主義的な思想の事件だ。

この作品を読んで、「犍陀多は相当悪い奴だ。利己主義人間だ。」などという人にだって、ねこばばの経験や、兄弟のおやつを残しそびれて食べてしまったなどということがいくらだってあると思う。それは、利己主義以外の何物でもない。

こうやって、悪いことばかりを並べると、利己主義は、悪いようにも聞こえるが、改めて考えてみると、利己主義なしでは生きていけないのではないか。

もしも、死にそうなくらいお腹が空いた人が二人いたとする。もし、そこにパンが置かれたら……。ここで、二人のうち一人が、自分よりも相手のことを考えたら、……その人は飢え死にしてしまう。だが、利己主義的な考えだったら、けんかをしてでも自分が食べるだろう。

これは例えばのことだが、こういうことは、実際にあると思う。そして、利己主義は、たしかに争いを導くが、同時にそれは人間の本音でもある。自分を守るための、それは本能ではないか。

だから、利己主義は、なくては困るし、利他主義もなくては困るのである。利己主義だって、悪くはないのではないかと思う。

――私の寸評――

人間の存在における利己という問題について、観念的、教条的にそれを悪と決めつけず、とつおいつ考えを深めているところによさがある。

三　豊かな発想を耕す――「感想文」の指導――

1　個性を豊かにする感想文

感想文といってもいろいろあるが、ここでは六年生にふさわしく「対象が自分にとってはどんな意味があったのか」を追求した個性的、主体的な作文を記述させようとしている。対象を第三者的な立場から傍観するのではなく、対象を児童主体の方へ引き寄せて、書かせようとするものである。このようなねらいをもったとき、必然的に児童は自分自身を見つめなければならない。「本を読むとは自己を読むことである」と芦田恵之助は述べているが、まさにこの単元は自己を読ませることをねらいとしている。

文例二編はいずれも六年生のものであるが、ともにその子なりの真剣な思索に支えられたものである。また、感想文の範囲を書物ということに限らず映画やある一時間の授業というところに広げたところにも意図がある。自分の生活や意見と比べながら対象を深く観察する態度を養うようにしたい。

2　感想文指導の目標

○感想文を書くことによって自分の考えを深めたり、対象が自分にとってどんな意味を持っているのかを考えたりできるようにする。
○ある事柄が、自分にとってはどんな意味があったのかを追求した感想文が書けるようにする。

3　教材文の位置づけ

教材として使用する後出の二つの文例は、児童に参考として示すサンプルである。参考例であって手本あるいは模範ではない。したがって文例としてあげられている二編についても自由に論評させる気軽さが必要である。児童に率直な感想を述べさせてみることから出発したい。

ともかく、まずは文例を読ませる必要がある。そして、これまでに書いてきた感想文、あるいは読んできた感想文と比較してどんなところが違っているか話し合わせるとよい。そうすれば、感想文の対象が本だけでなくいろいろのものに求められることや、自分をふり返り、自分の糧とすることの大切さに気づくであろう。

次に、どのような点が文例のすぐれている点か話し合わせるとよいだろう。とかく児童の感想文には、あら筋を書いたり断片的羅列的な感想を書いたりというようなものが多いのだが、二つの文例はいずれも作品が自分に何をもたらしたかという一点にテーマを絞って書いている。そのようなよさに気づかせることが肝要である。

このような学習を通して「自分も書いてみたい」という意欲を高めていくようにする。この教材文は一言でいえば実作への意欲を喚起するためにこそ役立てられるべきである。

4　記述前の指導を重視する

作文の指導は、児童が鉛筆をにぎり自分の文章を書いている最中にはしないようにしたい。児童の思考と意欲を中断し、混乱を導くことになりやすいからである。

また、せっかく児童が心をこめて書きあげたものに対して、できあがってしまってからとやかく批評をするのも考えものである。できあがって一つの形を成したものは、もはや大きく姿を変えることは困難であろうし、また児童にとっても不本意であろう。

このようなことから、作文指導は当然のことながら記述前にこそ最も力を注がなければならない。ここでも文例を用いて意欲を喚起したり、実際の個々の体験や出来事の中からどんなものをとりあげて感想文にしたらよいかを話し合ったり、また構想をどのように立てるべきかを話し合わせたりすることに指導の力点がおかれなければならないだろう。

5　自分の心の本音を書かせる

二つの文例はともに作品が自分に何をもたらしたかという角度から自分の考えを述べたものである。この学習において注意が必要なのは、このようなスタイルを単に形式的に真似てしまって安易に自分の変容の過程を作りあげ、まことしやかに作品と自己とのかかわりを述べるようなことにならないようにすることである。

作品と自己とを厳しく対決させ、そのかかわりを凝視することによって真に自己がより高いレベルに形成されていくことこそが重要であることを指導者は銘記しておかなければならないだろう。

6　文例㈠

一　欠けているものの発見――映画「ねむの木のうた」を見て

六の二　池本　学

この映画は、身体障害になやむ子どもたちの努力の物語である。内容は、手術と訓練によって、歩けなかった子が歩けるようになり、手の動かない子の手が動くようになってゆく、そのありさまを記録ふうにまとめたものである。

＊

ヤッコには願いがあった。それは、「赤い雨ぐつをはいて、かさをさして、横断歩道の左右をよく見て、手を上げて、走ってわたること」だ。なんという、小さな願いだろうか。十何年間も、自由に歩き、走り回ってきたぼくにとっては、まったく問題にならない願いである。しかし、ヤッコは、走れない。歩くことさえ、自由にはできないのだ。アキレスけんの病気のためだ。

ヤッコは歩行訓練をする。部屋の中を、一歩。また一歩。つえをついて歩くのだ。真けんな表情がクローズアップされる。ぼくもいっしょに歩いているように、体じゅうに力が入ってしまう。がんばれ、と心でさけぶ。

ヤッコは、何度めかの手術を受けることになった。歩行訓練の指導をしている先生も、ヤッコの心配を消すために病室にやってきた。ぼくは、

「ヤッコ、手術が終わったらね、きっと、赤い雨ぐつで走れる。」

と、言ってやりたかった。

手術後のヤッコは、いくらか足の動きが自由になった。しかし、訓練はやはり、毎日のように続けられる。その努力のありさまは、なみだなしでは見られなかった。ぼくは、泣いた。なぜ、ヤッコたちは、こんなめにあわなければいけないのだろう。

音楽の時間の光景が映された。ねむの木学園の子どもたちが、いっしょうけんめい歌っている。その真けんさは、ぼくたちの音楽の授業などとは比かくにならない。自分たちのベストをつくして歌っている。だけど、音階だって、声だって、合ってはいない。でも、それだってベストをつくしている。また、こらえても、こらえても、なみだがこみあげてくる。ぼくだけではない。弟だって、母だって、となりの人だって……。

ねむの木学園の子どもたちが、小さな砂の山を登る。ヤッコも登る。がんばって、登る。登れない、はい上がる子を、みんなで助ける。手を引く子、おしりをおし上げる子、だれ一人、真けんでない子はいない。ぼくは、心の中で「がんばれ、がんばれ。」とさけんでいた。山を登る子どもたちの、真けんな、顔、顔、顔。

この作品は、ぼくに教えてくれた。一つは真けんさ。もう一つはベストをつくすこと。そして、もう一つ、健康の尊さを。真けんさも、ベストをつくすことも、健康のありがたさをかみしめることも、ぼくたちには欠けているのではないだろうか。この映画は、ぼくにそのような反省をあたえてくれた。

ヤッコ、それに、ねむの木学園のみんなたち、みんな、これからもがんばってください。横断歩道を走ってわたる願いが、かなえられるように……。

7 「欠けているものの発見」のねうち

感想文というとすぐに読書感想文を思い浮かべるほどに読書感想文ということばは普及している。しかし、言うまでもなく感想は読書にだけあるものではない。日常生活で、あらゆる出来事に対し、わたしたちは何らかの形で感想を持ちつつ生活している。テレビ一つとりあげても、ドラマを見る、ニュースを見る、ドキュメントを見る、スポーツの試合を見るなどいくらでも異なった場面をとりあげることができる。それらの一つひとつは全て感想文指導の好個の題材となりうるものである。

ここでは映画を見た感想文をとりあげ、単にその映画の紹介をするのではなく、それが自分にとってどんな意味を持ったのかを追求したものを文例としてとりあげた。

身体障害に苦しむ子どもたちが何とかして少しでも障害を乗り越えようと努力している一つひとつの姿に強い感動を覚えながら映画に引きこまれていった自分を回想しての作文である。しかも、決して第三者的に評論するのでなく、自分の今の身と比べながら筆を進めているところにこの作文の価値がある。

この映画を見たことによって、真剣さ、ベストをつくすこと、そして健康の尊さという三つを改めて考えさせられ、それら三つについて自覚をもつことが自分には欠けていたと池本君は述べている。自分に欠けていたものをこの映画は教えてくれたと結んでいるが、実はこの三つのことは、まさに彼の主体性において映画から切りとり獲得したものである。この映画を見た全ての人がこの筆者のように感動するわけではないことを以ってすれば、先に述べたような発見は、まさにこの筆者にして初めて可能であったことを忘れてはなるまい。要は見方であり、感じ方である。

8 文例(二)

二　わたしを変えた話し合い——心に残る授業　　　六の三　伊関　浩巳

トルストイの「人間にはどれだけの土地がいるか」という物語を先生に読んでもらいました。そのあとで、とうとう土地を手に入れられずに死んでしまった主人公のパホームについて話し合いをしました。

最初、わたしは、「この男、ばかだなあ。もっと早く曲がればいいのに。」と思っていました。ほとんどの人が、そのように思っていたのです。ところが、二、三人の人が、「こうなるのもしかたがない。」「パホームはかわいそうだ。」という意見を出しました。

その人たちは、「もっと早く曲がれと言うけれど、たくさん歩けば、歩いただけたくさんの土地が手に入るんだから、そんなに簡単には曲がれないと思う。」と言うのです。

わたしは、それを聞いて、「そういえば、そうかもしれない。」と思い、困ってしまいました。そして、いろいろ考えた末、「しかたがない。」と思うようになってしまいました。もっと早く曲がればよかったのだ、ということは、確かに後になれば言えることですが、その場にわたしがいたとして、はたして、ほんとうにそのようにできるかと考えてしまったからです。わたしも、やっぱり、曲がりはしなかったかもしれません。もう少し、ほんの少しでも歩けば、それだけ土地がよけいに手に入るのですから。そして、ふだんのわたしには、確かにそういうところがありますから。

わたしは、ここまで考えてきて、思いきって自分の考えを発表しました。

「パホームをばかだと言うのは、自分をばかだと言うことと同じだと思う。」と言ったのです。すると、野口先生が、

「あなたにも、パホームのような欲の心があるということですか。」

と言いました。わたしは、ちょっと、どう答えようかと迷いました。が、

「あると思います。」

と、少し、ふらふらしながら答えました。

後で、先生が、

「文学作品については、頭だけで考えずに、心で考えることがたいせつだ。」

という意味のことをおっしゃいました。つまり、この話では、頭だけで考えれば、「パホームはばかだ。」ということになってしまうが、心で考えると、「人間にはみんな欲があり、その欲をおさえることはやさしいことではないので、パホームのとった道も、しかたのないことであり、それだけにあわれな人だったのだ。」ということになるのです。

わたしは、これまでの勉強の中で、頭だけで考えていたことが、ずい分多かったように思います。あの一時間の勉強で、欠点が一つ減ったような気がします。まだ、完全ではありませんが、心の中では、なるべく、そのように努めていこうと思います。ためになった一時間でした。

9 「わたしを変えた話し合い」のねらち

毎日毎日繰り返されている授業の中から、とりわけ心に残った一時間をとりあげて感想を述べたものである。この一時間は、筆者にとって大きな変容をとげたものであったという。我欲に目がくらんでそのとりことなり、ついには自分の命を落としてしまうというパホームの物語は、一見愚行そのものである。冷静に見れば何とばかばかしい生きざまではないかということになる。パホームはまさに愚かであったといわざるを得ない。

しかし、この授業ではそのような見方そのものをもう一度根底からゆさぶってかかったのである。愚行としか言いようのないパホームの行動が、実はわれわれ一人ひとりの日常生活の中に、あるいは心の隅にたとえわずかであっても同居している事実を発見していくのである。そして、その発見に立ち至ったとき、もはやパホームを第三者的に論評してはいられなくなってくるのである。パホームは、実は自分自身の影であることに気づいた筆者は「パホームをばかだと言うのは、自分をばかだということと同じだと思う。」という発見に至る。

そして、やがてパホームという一個人は万人共通に具有している欲望の典型であることに気づいていき、人間存在そのもののもつ哀しさに思索の目を向けていっている。筆者は、このことを、「人間にはみんな欲があり、その欲をおさえることはやさしいことではない」と述べている。

物語の中の人物の言動が実は自分自身の投影であることに気づいた筆者は、観念的思考でなく、実感に根ざした思考のたいせつさを感得したのである。小学校の最高学年としての作品にふさわしいものということができるであろう。

Ⅱ　自らを高めよ！　上級第二レッスン

一　授業の実りを確かめる――「授業作文」の指導――

授業は何のためにするのか、ということについて、私は常々「それは子どもに向上的変容をもたらすためだ」というように考えてきた。「向上的変容の連続的保障」こそが授業の眼目でなければならない、というのが私の授業論である。

また、教師の側からは、その向上的変容が具体的に指摘できることが大切であるし、子どもの側からは向上的変容の自覚がなされることが大切である。

子どもの側への「向上自覚」「成長自覚」を促す一つの手だてとして、私は授業をふり返って綴らせる「授業作文」というジャンルを生み出し、それを書かせる実践をしてきた。

「授業の中で変わったこと」「この授業を受ける前と後とでは、私の中の何が変わったのか」――それらを深く見つめさせ、綴らせるのが「授業作文」である。

ここには六篇の事例をとりあげて紹介する。また、作品ごとに私のコメントもつけ加えてみたい。

①　授業の中でかわったこと

52・12・15　宮本　万里子

①私はかわったことといえば、さいごのおじいさんの言葉の意味がわかったことです。

ほかのことはだいたいわかりました。豆太がゆうきを出して医者様をよびにいったのもじさまを助けるためだということもわかりました。その理由は豆太はどんなことよりも、じさまが死んでしまうのがいやだったからです。

さて、じさまのことばというのは、

「人間、やさしささえあれば、やらなきゃならないことはきっとやるもんだ。」

と、いうことです。私は、「やさしささえあれば」ということばがぜんぜんわかりません。そんなことを、気にしているうちに先生が、

②「この、じさまの言葉の中で一番たいせつなことはなにか、しかくでかこみなさい。それがこのものがたりで一番たいせつなことで、ものがたりの中心だよ。」

と、おっしゃいました。

さあたいへんです。意味が、ぜんぜんわかりません。しかたがないので「自分を弱虫だなんて思うな」を、しかくでかこみました。さあみんなもかこみおわったようです。

---

① 授業の中における変容を自覚している。これは私の授業論から言えばまことに大切なことである。

② これは「ヒント」と言うべきものである。こういうことをどんどん言った方がよい。子どもの読みを望ましく方向づけることになる。

先生が、

「③さあ、これは三とおりあるぞ。」

と、おっしゃって、黒板に書きました。まずAは、私の書いた「弱虫だなんて思うな」です。Bは、「人間はやさしささえあれば」です。Cは、AとBを書いた人でした。

先生はじゅんじゅんに、聞いてゆきました。
④まずAです。私は手をサッとあげたのですが、意外に少ないのです。つぎにB、おや、たくさんいます。C、ちょっぴりです。
先生は、理由をドンドン聞いてゆきました。

私は、Bの人の理由を聞いていたら、だれかが⑤前に勉強したことをりようしていいました。それは、豆太はゆうきがあって医者様の家まで行けたんじゃない、豆太が医者様の家まで行けたのは、やさしさがあったからだ、ということを言いました。だから、大切なことというのは「やさしささえあれば、やらなくちゃならないことはきっとやるもんだ。」ということが、正しいというのです。

私は自分の意見は言えません。⑥よくよく考えてみればそのとおりです。私はわかりました。そして、前に勉強したことをもとにして、意見を出すということも私は勉強できました。

---

③　「三通りある」という言い方は、大切である。何も全ての子どもに発表させることはない。この三つのどれが正しいかを話し合わせることに意味があるからである。

④　自分の立場を鮮明にさせることが、授業への立ち向かいを意欲的にさせるのだ。

⑤　「やまんばのにしき」の学習でのあかざばんばの心の動揺を指す。

⑥　こういう変化、進歩を大切にしたい。学習の中で自分が変わり成長することに喜びを感じさせたいものである。

②　この授業で教えられた事①

52・12・15　伊藤　みちる

豆太はとてもおくびょうな子です。

なのにどうしてあんな勇気がでたのでしょう。

助けたかったから。一人になってしまうから。せっちんに一人で行けなくなってしまうから。など、いろいろな意見が出ました。
②私は、はっきりはわからないから、予想で「助けたかったから」の方にいちおう手を上げました。
けれども、「わけ」がありません。

まよっていると、渡辺さんが、

「大好きなおじいさんだから、助けたんだ。」

といったので私は「助けたかったから」という方にいて安心しました。

そのわけは、渡辺さんと同じように、大好きなおじいさんだから、というところです。

大好きだ、というところもさがしだせました。三つありました。

一番目は、表戸を体でぶっとばして走った。それも、はだしで、ねまきのまま半道もあるふもとの村まで……というところ。

---

①　どんな題名で読後作文を書くかということは、その後の内容を規定する。ありきたりでなく、個性的な題名にさせたい。

②　このような状態のとき、子どもは決して発言しない。しかし、ノートに「どれだと思うか書け」と命ずれば、とにかくひとつの立場をとることを余儀なくされる。そして、このときから子どもの学習は主体的になるのだ。

どうしてかというと、表戸を体でぶっとばしてまで、お医者様に、早く来てもらおうとする豆太。

それに、お医者様をよびにいくのなら、ふつうは、きちんと洋服を着ていくはずです。でも豆太は、ねまきのまま、はだしで、くつもはかずに……。

③たぶんそれは、洋服を着たり、くつをはいたりする時間で、お医者様をよびに行く時間がおそくなると思ったのでしょう。

それほど豆太はおじいさんの事を思って、急がなくてはと思ったにちがいありません。

二番目は豆太の足に、しもがかみつき、血がでて、それでもがまんしたというところです。

そのわけは、文のとおり、しもがかみつき、血がでたりしても豆太は泣いただけで、がまんしました。それほど、おじいさんを助けたかったのです。自分は、けがをしてもいいから、おじいさんを助けたかったのです。

④一番最後の、三番目は「お医者様のこしを足でドンドンとけとばした。」というところです。

そのわけは、豆太はおじいさんが死んではいやだから、早く助けた

---

③　仮にもせよ、ひとつの立場をとらせることが、こんなにも読みを主体的にするのだ。論理はよく通っているし、よい読み方をしている。

④　豆太から学んだことの三つめである。

かったから、ドンドンとけとばしたのだと思います。もし死んでいいのならば、おとなしくお医者様の背中にいたと思います。

私がみつけた大好きなところは、この三つです。

③ いろいろな事を考えて勉強になった

52・12・15 東 紀子

私は、「助ける」「一人になる」の二つで、わたしはどっちがいいかまよってしまいました。

「助けたい」は、豆太が大すきなじいさまがはらいたをおこしてしんじゃあいやだという理由もある。

一人になると、豆太一人ではせっちんにいけない。

という二つの理由があったからだ。

どうもわからない。どっちがいいか。先生が、

「自分が思う方に手を上げなさい。」

といった。①わたしはもうわからなくなって「助ける」の方に手を上げた。私は理由を心の中で、こう思っていた。

「豆太が大すきな、じいさまがしんじゃあいやだ。」

・この文例はややたどたどしく、よほど丹念に読まないと真意がつかみにくい。

① こういうことは、きっと、ずい分と多いのであろうと思う。こういうあいまいなとき、子どもは決して発言はしない。話し合い学習では、こういう子が落ちこぼれるのである。ノートさせることはその落ちこぼれを救う有力な

と心の中で、そう思っていたのだ。

でも、どうしてもそのことが口から出てこなかった。②なんだかまちがえるのがこわかったからだ。

みんなの話を聞いていた。

いろいろな人が発言をした。だれかがこんなことをいった。

「一人になって、せっちんに行けなくたって、医者さまの所へ、いったぐらいのゆう気があれば、せっちんぐらいはいける。」

といったのだ。

私は、③そうかもしれないと思った。「助けたい」は、じいさまが大すきだから医者さまをよんできたんだし、じいさまがきらいだったら、あんなこわーい山を下るわけもない。

③「やっぱり助ける方かな。」

と思っていた。それとも、

「一人きりの方かな。」

④みんなが発言していたうちわかってきた。

やっぱり、「助ける」方じゃないのかな。だって豆太はじいさまがすきだから、しもが足にかみついてまで、医者さまをよぼうという⑤あの思いやりで、じいさまの病気がなおったのではないか。

手立てである。

② こんな気持ちで授業中を過ごしているかと思うといじらしい。

③ 学習への参加の積極性を物語っている。自問自答である。

④ 「授業は、児童の修正過程である」というのが私の持論である。

⑤ 授業の初めのころの自信なげな反応から、ぐんと成長している。ここに授

それと、じいさまが豆太を心の中から豆太に思いやりをやったのではないか。私はそう思う。

でも、あれだけのゆう気があれば、一人でせっちんぐらいはいけるだろう。

よかったね、豆太。たった、たった一人でモチモチの木がかがやいているすがたを見たんだもの。あのかがやいた、モチモチの木を見た時うれしかっただろうな。

⑥私はあそこのところで、ズバッと言えばよかったんだなと思う。そうすればみんなの話し合いがもっとまとまってきたのではないか。

こんどから、勇気をだせばできるんだ。やろうと思えばできるんだな。こんどから、はずかしがらずにいっていけば国語の話し合いがまとまるな。きっと。

④ この授業でぼくが考えさせられた事

52・12・15 細谷 俊彦

この話の授業の時先生が、

「豆太が暗い道をなきなき走って医者様をよびにいったのはなぜか。」

業のドラマがありおもしろさがある。

⑥ こういう文に出合うのはうれしい。一時間の中で、自分の処し方まで冷静に見つめている。

・これは大変ユニークな読後作文である。

といって黒板にAじさまを助けたい、Bひとりぼっちになる、C恩返し、Dしょうべんをはなえてもらえなくなる、の四つを書きました。

ぼくは一番はじめの①「じさまを助けたい」という説が正しいと思いました。なぜかというと、「ひとりぼっちになる」という説や、「しょうべんをはなえてもらえなくなる」という説は、じさまが死んでしまってもだいじょうぶだからです。つまりふもとの山の人にそだててもらえばいいし、恩返しという説も、五つの豆太には、まだわからないと思いました。

手を上げてみると、ぼくと同じ説をしんじる人が一番多いようでした。②おかげでぼくはあまり心配しなくてよくなりました。それに、ほかの説の人もだんだんこっちにうつってきました。②ぼくはじしんたっぷりでした。

しかし先生にさされて、なぜその説になったか、と聞かれると、③言えなくなってしまいました。自分の考えにあいまいな点があるような気がしたからです。ところが④てきの、しょうべんをはなえてもらえなくなる説の方は、二、三人の人が言っています。ぼくは⑤なんとなくむこうにいきたくなりましたが、いくわけがないのでいきませんでした。

ぼくは、この授業をおわってやさしささえあればなんでもできると

---

① この子は、T大薬学部の教授の息子である。

② 口には出さなくも、心の中はずいぶんとゆれているものだなと、思う。話し合いで喋り合ってることなんかほんの心の小さな小さな一つに過ぎない。内容を大切にしなければ。

③ この子は、神童とさえ私が言いたくなる子である。しかし、やはりこのような迷いがあるのかと思うと、かわいらしくなる。ということは、さぞかし、ふつうの子の心の迷いは大きいことであろうということでもある。

④ 「敵」とは、また、言い得て妙ではないか。

⑤ ふとした迷い。しかし、由なき変更

思いました。

⑤　授業を受けてかわったこと

52・12・15　坂本　至郎

ぼくが、授業をしてかわったことは二つあった。

ぼくはAだった。①B、C、Dという人もいた。

Dのいけんは、豆太がおじいさんをたすけたわけは、夜しょうべんにいけなくなるということだ。

それにたいして、ぼくはしょうべんぐらいこわいのをがまんしていけばいいじゃあないか。②それに、豆太はいずれおじいさんがしに、そのうんめいになるんだと思った。

だからAの「おじいさんをたすけるためにいった」だと思った。ほかにも、あった。それは先生がヒントをくれてわかったことだ。

「読んでかんがえなさい。」

とおっしゃった。ぼくは読んだ。そしてわかった。

そのわかったというところは、「もっとおじいさんがしぬのがこわかったので…。」とかいてあったところでわかった。
③なぜかというと、「もっとおじいさんがしぬのがこわかった」とか

はいさぎよしとしないという。快哉。

①A　おじいさんを助けたいから
B　ひとりぼっちになってしまうから
C　恩返しをしたいから
D　しょうべんに行けなくなるから

② 心の中の自問自答。それは、ノートに書かせなければつかめない。

③ この言い方はかなりレベルが高いと

いてあるのだから、なによりもおじいさんをたすけたかったというい
みだ。だからAだ。

ほかにもあった。ぼくはわからなかったが中田君がわかった。「戸
を、からだでぶっとばしてはだしのまんまいった」というところだ。
ここでもわかる。

それは、はやくたすけたいから、戸をからだでぶっとばしていった
のだ。それにはだしのまんまいったから、なおいそいだんだという事
がわかる。もし、おそくてもいい用事なら、くつをはいて、戸をちゃ
んとあけていくはずだ。④だから、それはたすけたいというAである。

それでわかったということは、少し読みがたりないということだ。⑤
もし先生がヒントをあたえていなければ、ぼくも、中田君も、あの
ことはぜったいわからなかっただろう。だから一つ一つていねいに読
んでいこうと思った。

⑥それから、場面をあたまで考えながら読んでいくということがぼく
にはできていない。これからこのこともあたまの中で考えながら読ん
でいこうと思った。

思う。「こわい」という意味を「大事件」ととっている。「恐れ」としてのこわさでなく「大変なできごと」というとらえ方をしている。

④　このように筋道立った考えができるようになることが国語教育の重要なポイントである。文学もこの程度には理詰めに読ませたいものである。

⑤　学習のしかたを自分で反省し、今後のあり方を考えている。三年生にしては天晴れではないか。

⑥　見事な自己反省である。かかる自覚を得させる授業は、やはり、よい授業ではないか。そう言ってよいのではないか。

⑥　かたい決心

52・12・15　岩崎　麻理

「モチモチの木」の授業中に、先生が、

「なぜ、あんなにおくびょうな豆太が山道をこえ、医者様をよびに行けたか。」

とおっしゃいました。意見は、
A　大好きなおじいさまを助けたいから
B　一人ぼっちになってしまうから
C　恩がえし
D　おトイレにいけなくなるから
と①四つありました。

私は、最初Cかな、と思いましたが、Aという心もうかんできました。どっちかとまよってしまいました。けれど、Cはなんだかじいさまがもう死んだように思えました。それに、②恩がえしなんか五才で考えるかなぁ、とも思いました。どうもCはあやしいと思ったので、Aにしました。

けれど、どんどんみんながはつげんしていくうちに、③また、Cじゃないかな、とも思いました。けれども、プリントに、「でも、大好き

---

①　よく整理してとらえている。
②「豆太は五つの子ども」という表現上の事実をよくとらえている。観念的な読みをすることは豆太を「五つ」という具体像でとらえずに人間という抽象像にしてしまいがちである。
③　学習中の話し合いのレベルが高いほど子どもはゆさぶられるはずである。

なじさまが死んじまう方がもっとこわかったから。」と書いてあるので、死んでしまう前に助けたいんじゃないかな、やっぱりAだと思ったのでずっとそのままAにしていました。

そして、五時間目のおわりになってチャイムがなりました。私は、帰らなくちゃなりません。なぜか、「モチモチの木」の授業がおもしろくてならなくなってしまいました。④帰りたくない。バレエなんか行きたくない。少しでも長くいよう。でもしかたがないと思い帰りました。

⑤ずっと、「モチモチの木」のことを、考えていました。そしたら、私の頭に、こういうことがうかんできました。それは、やっぱりAでよかったんだ。Cの恩がえしなんかは、ちがうんだ。ぜったいちがうんだ。だって、たかがせっちんにつれていってもらっただけで恩返しというのは大げさだ。豆太は、大好きな大好きなじいさまに死んでもらいたくなかったんだ。助けたかったんだと思いました。

---

④　バレエの発表会で下校した。この授業は午後の五校時のものである。

⑤　うれしい文である。

二　向上を自覚する――「読後作文」の指導――

1　それは、自己について語る作文である

それは作品を読んだあとに、読んだ自己について改めて語る作文である。読書感想文と本質的な差異があるわけではないが、読書感想文が一般に読者の作品観、作品論、つまりは「作品について語る」ところに力点があるのに対し、ここで筆者のいう「読後作文」は、作品についてよりはむしろ「自己について語る」ところに力点がある。

読後作文は、あくまでも読む主体について語ることに特徴がある。

・「この作品は、私に何をもたらしたか」
・「この作品は、私に何を与えたか」
・「この作品は、私にとって何であったのか」

それらを自らに問い、それを綴るところに主眼をおくものである。

現代は情報時代、情報化社会と呼ばれている。おびただしい活字文化が、一般に人々を多読、乱読、読み捨ての傾向に追いこむ。その結果現代人の読みは浅薄となり、「軽読書時代」などと心ある識者に蔑称されることにもなる。この軽読書の様相は、あたかも旅の無聊《ぶりょう》を、めまぐるしく移り変わる車窓の景色に紛らわす怠惰なひとときに似ている。後に残るものは空虚な倦怠だけである。

・車窓の景色に目を向けることをしばしやめよ。
・瞼を閉じて静かに思え。

・自己を凝視せよ。
・旅のもたらした己への意味を問え。
・凝視のまなざしを内なるものに向けよ。

――このような思いこそが、筆者の読後作文の眼目である。作品と自己とを深くかかわらせる。そのような質の高い読みの態度の形成こそ、現代のめまぐるしい情報化社会に育つ子どもたちにはとりわけ必要なことではないのか。

2　読書感想文とは少し違う

読後作文のよさを筆者は強調しはするが、それは読書感想文の否定ではない。筆者の強調するような点を十分に盛りこんだ読書感想文もある。そうであれば改めて何をか言わんやである。

では、ことさらに「読後作文」ということばを用いるのはなぜか。それは「読書感想文」という用語の定着は、そこにひとつの固定したイメージを生み、その固定したイメージそのものが実は重要な欠落部分を持っていると思うからにほかならない。

重要な欠落部分、すなわち「読書による自己形成」を強調するためには、その強調にふさわしい用語を用いることがよいと考えたからである。換言すれば、読書感想文という用語の定着の陰に見落とされていたのではないかと思われる重大な欠落部分に、あえて光を当ててみたかったのである。

したがって、むろん本質的な差はない。ただし、力点がちがう。今、両者の差を鮮明にするために、あえて対立せしめてその特質を述べれば次のようになろうか。

項目	読書感想文	読後作文
1 綴る内容	作品について	作品によって触発された自己について
2 目的	作品の深さの解明	自己の凝視と省察
3 性格	作品に密着する	作品と全く離れてもよい。作品名も人物名も述べないこともある。
4 文章	断片的で気楽な感想である。	総合的で構造的な思索である。
5 発達段階	低学年からでも書ける。	中学年以上、あるいは高学年からであろう。
6 態度	主観的・感覚的でもよい。	客観的・理性的であることが望ましい。
7 文体	随筆的である。	論文的である。

3 三年生からできる

右のような力点を、果たしてどの学年からかけられるであろうかと懸念を抱く人もあろう。筆者の体験でも主としては高学年に適すると言えそうであるが、三年生ぐらいまでおろすことは十分に可能である。

三年生ぐらいにおろす場合には、教材の程度や指導法についての吟味が必要になってくる。教材は、深く読む者の心を揺り動かす力をもった作品でなければならない。軽く薄い作品は、読後作文には不向きである。

4　四つの指導ポイント

1　作品を深く読ませる

あらゆる作文に通ずることであるが作文において最も大切なのは、書こうとする内容・中身の深さ、豊かさ、確かさである。読後作文においても、作品をいかに深く読んだかということが、当然作文の良否に最も深くかかわってくる。

深く読むとはどういうことか。それは、読み流し、読み落とし、読みちがい、読み忘れをしないことである。一語一句の意味をよく考え味わいながら読むことである。したがって当然のことながら読む作品は、まさに「珠玉の短篇」でなければならない。

2　作品が自己にもたらしたものを探らせる

作品を読む前と読んだ後とで、自己の中にどんな変化が生じたのか、それを凝視させることが大切である。これが第二の仕事である。

作品を読むということは、自己の心に新しい刺激を与えることであり、それは心に新しい波紋を生むことである。それを凝視し、作品がもたらした己への意味を問うことが必要である。

ぼんやり読んでいたのでは何事も始まりはしない。ある作品を読んだからには、自分の内部に、何らかの変化が必ず生まれたはずだという仮説に基づいて、内省する心が必要である。

なお、ここで言う「変化」とは、身も心もがらりと変わるというようなおおげさなそれではない。たまたま一冊の、あるいは一篇の作品を読んだからとてそう大きな変化が生まれるはずはない。

むしろ変化は微少である。何を考えさせられたか、どんなことを思い返してみたか。己の中に何を発見しえたか、新しくわかったことは何か、というような小さな変化を目ざとく見つけ、自覚することの大切さを、ここでは言っているのである。

3　自己変容の要因を考えさせる

第三は、何ゆえにそのような変化が生じたのかを考えさせることである。

それは、必然的にこれまでの自己の生活経験を改めて見直すことになる。

それは、おそらく、それまでの自己の無知、幼稚さ、偏見、邪心を自覚することを促すであろう。

またそれとは反対に、己の正義感ややさしさや公徳心が、作品を読むことによって裏づけられ、自信を生むこともあろう。

いずれにせよ、変容の要因が、ひとつでも洗い出されることそのことが自己認識の進歩であり、自己形成への重要な糧となることに間違いはない。かくて、最も重要な読書による人間形成がなされていくのである。

4　記述内容の整理と構成

もろもろの感動や思いは、秩序づけられ、構造化されることによって、より確かで深いものになる。秩序づけられ構造化されない感動は、単なる一時の興奮に終わることになりかねない。記述のための整理と構成は、この意味ですこぶる重要である。

5　読後作文の事例五篇

例一　友達と転んだりできることは幸せ

三年四組　藤巻　万美子

私は「一人と大ぜい」という詩を勉強して、本当の幸せとは、友達とけんかをしたり、転んだりできることだと思いました。

初め「一人と大ぜい」を読んでいるとこういうことばが出てきました。「もし世の中でぼくだけが／たった一人の子どもなら／おとぎ話の王子より／もっと大事にされるだろう／」ここを読んで、私は「いいなあ」と思いました。私もきれいな服を着て、豪華なものを食べたいと思ったからです。たぶんみんなもそう思ったと思います。どうして「いいなあ」と思ったかというと、それは、まだ私が本当の幸せというものを知らなかったからだと、今では思います。

授業が進むにつれて、だんだん「ああ、そうか」と思ってきました。第二連には「百メートル競走をやったってトップとびりが同じだ」と書いてありました。これを読んで、私は、心の中で「いくらかわいがられても、こんなんじゃつまらない」と思いました。先生も「本当の幸せとはどんなことか」と私たちに聞きました。

このことが、第三連を読み合ううちにだんだん整理されてきました。私も、第三連を目を走らせて読んでいきました。それといっしょに、本当の幸せを考えさせられました。本当の幸せとは、お伽話の王子よりかわいがられることか、それとも友達とけんかしたり、転んだりできることか。

そして、今はどんな豪華なごちそうの出る家にいることよりも、どんなにかわいがってくれる家にいることよりも、本当の幸せとは、梅干ひとつしかなくてもいいから、友達がたくさんいて、その友達とけんかをしたり、転んだりすることの中にあるのだということをおぼえておこうと思っています。

これは、三年生の読後作文の例である。一篇の詩が、あるいは、その授業が、「自分にとって何であったのか」「自分に何をもたらしたのか」を中心に書いているところに特色がある。

例二　授業の中でかわったこと

三年四組　宮本　万里子

「人間やさしささえあれば、やらなきゃならないことはきっとやるもんだ」というじさまのことばの意味が、授業の前には、私にはぜんぜんわかりませんでした。「やさしささえあれば」というところが特にわかりません。

先生が「じさまの言葉の中で一番大切なことは何か、四角で囲みなさい。それが、この物語で一番大切なことで、物語の中心だよ」とおっしゃいました。

私は、ぜんぜん見当がつきません。しかたがないので「自分を弱虫だなんて思うな」を四角で囲みました。

先生は、「さあ、この答えには三通りあるぞ」とおっしゃってそれを黒板に書きました。まず、Aは私の書いた

「弱虫だなんて思うな」です。Ｂは「人間やさしささえあれば」です。ＣはＡとＢを両方書いた人でした。

先生は順々にどれが何人いるかを聞いていきました。まずＡです。私は手をさっとあげたのですが意外に少ないのです。次にＢこれはたくさんいました。Ｃはちょっぴりです。

次に、先生は理由を聞いていきました。Ｂの人の理由は「豆太は勇気があって医者様の家まで行けたんじゃない。豆太が医者様の家まで行けたのは、やさしさがあったからだ」というのです。だから、大切なことは「やさしささえあればやらなきゃならないことは、きっとやるもんだ」というＢが正しいというのです。

私は、自分の意見の正しさを言うことができませんでした。よくよく考えればその通りです。私はわかりました。「やさしさ」というのは、弱々しいことのようですが、大きな強さのもとになるのだということがわかったのです。

前と同じクラスで「モチモチの木」を指導したあとの読後作文の一例である。こういう作文を生む指導の方法を書いて欲しいと思う人もあろう。しかし、それについては、本書の全篇で答えるしかない。

なお、ここにあげた二例の場合、授業の質そのものが読後作文の質を大きく規定することになるということだけは付け加えておきたい。

次に、五年生の読後作文の事例を引いておこう。

例三　心に残る一時間――トルストイ民話の話し合い――

五の三　矢野　かを里

初めに、先生が、この話をしてくださった時、「なんて馬鹿な男なんだろう。」と思った。それは、「あんなによくばって。」と思ったのと、「たった直径一メートルの穴だったじゃないか。最後に自分のものになったのは。」と思ったからだ。

「もう二メートルも早く曲がればよかったのに」、それに、「最後は、どうせ死んでしまったじゃないか。」と思ったからだ。みんなもそう思っていた。

そして話し合いが始まって、「馬鹿だ。」という意見と、「あわれだ。」という二つの意見が出た。もう最初から、「馬鹿だ。」という意見が、あっとう的多数であった。

先生がわけをきいたので、私が手を上げると、私がさされた。それで、この男が馬鹿だと思うわけを言うと、全員が同じ意見になって、いよいよ「馬鹿だ。」と言うことになってきた。

ところが次の時間、先生が、

「本当に馬鹿だろうか。」

という問題を出した。私は、「あたりまえよ。馬鹿な男だわ。」と思っていたのだが、ある人が「馬鹿ではないかもしれない。」と言った。

私は、もう一度考えた。考えているうちに、馬鹿ではないかもしれないという意見にもなってきた。この男は、びんぼうだったので、少しでも多く歩こうと思う気持ちが、でてきたのだ。そして、なんだか馬鹿でないような気もしてきたのだが、やっぱり「馬鹿だ。」という意見もあって、わからなくなってきた。

すると鈴木さんが、

「もし私がこの男だったら、きっとこの男のようにした。」

という意見を出した。私は、「そうだ。この男はあたりまえだ。私も、きっとそうなったろう。」

と思って、今までの自分の意見の、まちがいがわかった。

その後、みんなの話し合いで、

「やっぱり馬鹿ではなく、ごくあたりまえの男だ。」ということになった。

もし、この話し合いがなかったら、私は、「この男は馬鹿だ。」というままにしていただろう。

この話し合いがあったから、私は、自分の意見の間違いを見つけて、とってもよかったと思う。初めの意見とどんどん変わって行き、最後には、まるっきり、ぎゃくの意見になってしまったのだから……。

この話し合いは、とっても面白かった。自分の間違いを見つけられたことが何よりもよかった。話し合いをすると、とてもいいと思う。「話し合いをして、よかった。」と思った。

例四　うそをつく、正直に言う

五の三　岡　昌代

みえないなら、みえないってはっきりいえばいい。なぜ、うそをつくのだろう。みえたなんていうほうがばかで役たたずではないだろうか。この小さな子供こそはたおりのうそを発見した役にたつ人間ではないだろうか。というのは、私の考えだが、
・皇帝は、自分は皇帝として役にたたないのではないかと考えた。それがいやで見えない織物を見えると言った。
・大臣は、自分が、役たたずにされるのが、いやでうそをついた。
・家来は、皇帝にそむいてはいけないと考えてうそをついた。また、
「役たたずめ。」と、くびにされるのがいやだからうそをついた。

こうして、それぞれの理由を考えてみると、もしかしたら、私も、正直には言えなかったかもしれない。正直に、

ものごとを話すことは、むずかしい。まして、「なにも着ていない。」なんて、言ったら、その人は、役たたずのばかになるというのだから。それを話すには、勇気と努力が必要だと思う。

しかし、その勇気がわき、正直に言うことができれば、その人間は心が清い人間ではないだろうか。

私は、そんな人間になりたいが、むりではないかとも予想できる。そんなかんぜんな人間はいないからだ。人間だれでも、うそをつきたくなくてもつかなくてはならない時がある。それはしかたがないと思う。が、なるべくうそをつく回数を少なくするよう努力したい。

例五　本当の心

五の三　神原　貴樹

僕はこの話は、皇帝がまきおこした事件だと思いました。同時に、人間の本当の心というものがわかりました。

この皇帝をだましたうそつきの男は悪い男でした。しかし、本当に悪いのはこの皇帝だったんだと思います。なぜかというと、この皇帝は着物以外には見向きもしないほどの着物好きです。

そんな皇帝は悪くないのでしょうか。皇帝だったらいいのでしょうか。そんなことはありません。

この皇帝が、もし着物好きなどではなく、仕事も一生懸命にやっていれば、うそつきの男などにだまされずにそのままますぎたかもしれません。

それに、このうそつきの男だって金めあてだけでだましたのではないと思います。きっと、「ひとつ、こらしめてやろう。」という思いがあったのでしょう。

人間の心というものは、みかけなどではぜったいに決めることはできません。頭もよく、役めに向いている人でも、自分の位のために、うそをついたりしてしまいがちだと思います。皇帝につかえる大臣などもそのひとりです。

ぎゃくに、びんぼうでお金に困っている人などには、気がやさしい人が多いと言われています。きっと、位といっても別に無いし、それにびんぼうなのであまり気にしないのでしょう。子どももびんぼう人と同じで正直でいられるということがいえるのでしょう。

「子どもは正直だ。」と思われるのもそのためだと思います。

この事件があってからは、皇帝はきっとまじめになっていることでしょう。この皇帝にとって、よい勉強になった事件ですし、ぼくにとってもよいお話でした。

6　読後作文の意義

その第一は、作品を外側から眺めての思いを述べるのでなく、作品と自己とのかかわりを問題にするところにある。軽読書時代と言われる現在、読書はどれほどに深く自己形成にかかわっているであろうか。

読後作文はいいかげんな作品とのかかわりでは書けない。より深く自己を見つめなければ書けはしない。あるいはまた、書くことを通じて濃く深く作品とかかわることにもなるのである。

その第二は、読書というものがそもそも何であるのかという本質的な認識を促すところにある。書物そのものにも価値のあるものとないものとがあるけれども、所詮その価値というものは読者の理解のレベルによる。

「私にとってこの本は何であったのか。」それを真剣に問うてみることは、自らの認識のありようを自らが問うことでもある。書物は、読まれて初めてその意義を発揮する。読者の中に生じた変化の質と量とが、その人にとってのその本のねうちであり、それを自らが認識することこそが重要なのである。（現在「読後作文」は「読者感想文」と改称している）

第五部 元気が出る作文指導の基礎教養

I ことばに強くなれ！——作文における「言語事項」の指導——

一 表現指導における「言語事項」の指導とは

1 表現指導の中で言語事項を指導するのはむずかしい

「言語教育としての国語科」という立場を強調する、五十二年度版の学習指導要領では、国語科の基礎的事項について、これまでの「ことばに関する事項」というややあいまいな用語を廃して、「言語事項」というかなりきちんとした用語を用いることにした。その指導のあり方については、「原則として『表現』及び『理解』の各領域での学習を通して指導するものとする」と述べている。つまり、「表現領域における『言語事項』の指導」という態度で指導に当たるべきだというわけである。

しかし、「表現領域における言語事項の指導」というのは、改めて考えてみると、なかなかむずかしい問題である。われわれが実際に教室で子どもに作文を書かせる場面を具体的に思い出してみるとこの事実がはっきりするだろう。

例えば、作文「記述前」の指導というのは、簡単にいってしまえば、取材指導と構想指導の二つを内容としているが、いずれもむろん「言語事項」そのものの指導ではない。取材と構想の指導において言語事項そのものの指導をしようとするならば、「文字をていねいに書け。」とか「誤字や脱字に気をつけよ。」という注意を与えるぐらいのことしかないであろう。これでは「言語事項の指導」としてはいささか粗略に過ぎるであろう。さりとて、記述前にこれ以外にどんな「言語事項プロパーの指導」がなされるというのであろうか。おそらくは、これ以外の指導は、ほとんどないのが現実ではないか。

では、子どもが、いよいよ文章を書き始めるいわゆる「記述中」において、われわれ教師は言語事項の指導をなしうるであろうか。ちょっと書いては文字を思い出しかねた子どもが教師に漢字を教わりに来ることはある。また、正確なことばを度忘れした子どもが、例えば日光の有名な眠り猫の彫刻をした人は何という名であったかとか、「あかるい」は「明かるい」であったか、それとも「明るい」であったかなどと聞きに来ることはある。

これらは確かに「言語事項」の指導ではある。しかし、子どもが、記述中に「言語事項」に、あまりこだわり過ぎるのは一般によくない傾向である。むしろ「一気に」書かせるのがよいのである。漢字がわからなければ仮名で書いておき、ことばが思い出されなければ○○とでもしておけばよい。とにかく、興をそぐことなく終わりまで一気に書かせるほうが、文章としての全体的なまとまりをもたせるには有効であると言われている。

この考え方はやはり正しいと私には思われる。こうして見てくると、「言語事項の指導」というものが、作文記述中の場面でもきわめて少ないことに気づく。

さて、では「記述後」においてはいかなる作業がなされているであろうか。これは、一言で言うならば「推敲指導」ということに尽きる。誤字や脱字がないか、符号は正しく使われているかというようなことについて調べたり、表現意図がじゅうぶんに読み手に伝わるかどうかといった点からの吟味がなされたりする。

しかし、この作業は、あくまでも、筆者そのものによる自己点検、自己吟味、見直し、読み直し、であって、その内容が「言語事項」にかかわるものであるにもせよ、「言語事項」の指導とは言い切れない。

しかも、本来の「推敲」という作業は、小学生には実際は困難だというのが現実である。つまり、彼らは、精一杯の力を出して記述するので、記述直後にそれを改めて見直しても、早速それ以上の表現にはなりにくいのが一般である。

したがって、推敲させたところ、初めに書いたものよりも作品としての迫力や価値をかえってそこねる場合さえしばしば生ずる。やはり、一般に作品の出来栄えは、記述前の計画と、記述をささえる意欲との相乗によって決まるものである。推敲如何によって作品の良否が左右されるということは子どもの場合には少ないものである。

このように見てくると、記述後という場においても「言語事項」の指導というものがあまりなされていないことに気づくであろう。

最後に「作品処理」と言われる、教師による評価がなされることになるが、ここで「朱を入れる」と称して、誤字や脱字、「 」の使い方、主述の照応、表現上の効果等々についての指摘や修正がなされることは多い。丹念な教師は、できるだけ作品に対して指摘や修正を多く加えることになる。ところで、教師の指摘や修正の努力は、必ずしも子どもへの実りをもたらさないことが多い。というのは子どもにとっては、もはや、全力を傾けての「作品創造」は終了しているからである。

作品を生み出すことに情熱を注げば注ぐほど、作り上げてしまったものに対する部分的な指摘などあまり聞きたくないものである。自分の創作目的というものは、書きあげた時点ですでに遂げられたのであり、燃焼し尽くしたからである。燃焼を遂げたあとで残るものは、せいぜい「余燼」に過ぎない。だからこそ、教師のこまごまとした小うるさい指摘や修正に対しては軽い一瞥を与えるだけで深くは反省しないのである。

このことにだんだん気づいてくる教師は、やがて、あまりこまごまとした指摘をするよりも、内容についての所感を赤ペンで入れてやるくらいが子どもの作文指導上有効だと気づくようになる。大方は、記述された作品については、内容に対する教師の所見や所感を文末に添えてやることで指導を終了するということに落ち着きがちである。

以上、作文指導、あるいは作文活動というものを、時間的に、記述前、記述中、記述後という観点から改めて観察した場合、「言語事項の指導」を加える場面が意外に少ないという事態を述べてきた。この現実認識は重大である。なぜなら、この事態は、「言語事項は、原則として表現及び理解の各領域での学習を通して指導するものとする」という「改善の具体的事項」への適用困難さを物語ることになるからである。

やはり、作文領域で最も教師が力を入れて指導するのは、他ならぬ作文力の伸張についてであって、決して言語事項そのものではない。言語事項に関する指導を作文領域の中で実践していくことは現実的にはかなり困難なのである。では、作文領域と言語事項との関係は、実践的にはどのように解決されるのであろうか。

2　表現領域では、言語事項の定着、応用を図るのがよい

前述のように、表現指導、あるいは表現活動という場に至ってしまってから「言語事項」を改めて指導しようすることはなかなかむずかしい。記述活動を遂行する段階になれば、それまでに蓄積されてきた言語事項の既有知識が物を言うのである。表現活動の段階では、言語事項が新たに指導されながら、その新しい知識が増すのではなくて、それ以前に獲得された「言語事項」が引き出され、活用されるのが記述の姿である。まさに、言語事項は、表現活動の基礎として、どこかで既に身につけられていなければならないものなのである。

さて、「どこかで身につけられていなければならない」と述べたが、「どこかで」とは一体どんな場を指すのであろうか。それには四つある。

① 理解指導の場で身につく。（主に知識や感覚として）
② 取り立て指導の場で身につく。（主に行動、技能、知識として）
③ 日常の言語生活全般の場で身につく。（あらゆる言語的事実、言語的体験として）
④ 表現活動の場で身につく。（主にトレーニングとして）

これらの場で身につけられたものが、作文活動、あるいは音声表現活動の場で発揮されることになる。ごく簡単にこれらについて説明を加えよう。

①の「理解指導の場で言語事項が身につく」というのは、教師の話を聞く、親や兄弟の話を聞く、友人の話を聞く、本を読む、内容を理解するというような、いろいろな理解活動の場で、実にさまざまな言語的事項に触れ、徐々にそれらを身につけていくことである。平仮名、片仮名、漢字、ローマ字、仮名づかい、送り仮名、句読点のつけ方、必要な符号の種類や使い方、語彙、語句、文の構成、表現効果、指示語の使い方、敬語の知識等々、これらが何回も何回もくり返される理解活動（読みや話を聞く活動）の中で身についていくのである。

そこで身についたものが作文を書くとき、あるいは相手に話を伝えるときの基礎となって、力を発揮することになる。言語事項が身につく最も重要な場は、おそらくはこの理解活動の場であろう。その意味では、言語事項を身につけるための指導は、理解領域の場でこそ力を入れてなされなければならないことになる。

②の「取り立て指導」については、学習指導要領の「内容の取扱い」の項で「言語事項に示す発音、文字及び文法的事項ならびに表現及び理解の能力の基礎となる事項のうち、繰り返して学習させることが必要なものについては、特にそれだけを取り上げて学習させるように配慮すること」と述べられている。

この表現は、言語事項の中には、理解や表現活動の中で、従属的に身についていくものと、独立してそれだけを指導しないと身につかないものとがある、という事実を指摘したものである。

英語の学習で、単語カードや、豆単語帳によって単語を暗記して身につける方法はだれでも経験するところであり、国語においても、漢字や送り仮名などについてはこのような独立した反復が有効であることはすでに知られている。これらによって身についたものが、作文を書くときに発揮される。作文を書くという活動の中でこれらを効率的に身につけることはむずかしい。「取り立て指導」は、言語事項を身につけるための有効な場の一つである。

③の「日常の言語生活全般の場」で言語事項が身につくことは改めて言うまでもない。すでに就学する前から、子どもは六千に余る単語を身につけ、文法にかなった配列法を身につけ、かなり自由に自分の意志や感情を他人に伝達できるという。言語事項の自然習得による率は実に大きいのであって、語彙や語句の大方はこの日常言語生活の中で身につくものだという学者もある。われわれも、改めて、この事実に着目する必要があろう。「表現領域の指導の中で言語事項を身につける」というような考え方は、人間の言語習得という大きな見地から見れば、本当は微々たるものに過ぎないのかも知れない。

以上述べた三つの場、すなわち「理解指導の場」、「取り立て指導の場」、「日常の言語生活の場」のそれぞれで言語事項が身についていくわけであるが、そのようにして身についた言語事項が、作文領域、あるいは音声表現の場に基礎的事項として、活用されるわけである。したがって、より豊かな表現活動をするためには、これら前述の三つの場でこそ、より多く、より確かな言語事項の形成を図るべきであろう。それは、表現領域において図ろうとする言語事項の形成とは比較にならないほどの大きさだと言わなければならない。

表現領域で求められなければならない何よりもたいせつなことは、作文力の伸張そのもの、作文指導そのものである。この自覚を忘れると、何のための作文指導であるのかわからなくなってしまう。「言語事項を身につけさせるための作文指導のあり方」などという考えは、その意味では本来的ではないと言える。

さて、このような言い方をしてしまうと、④にあげた「表現活動の場で身につく言語事項」とは一体何なのかという問題が生じてくる。

それは正確には「表現活動の場でも、言語事項が身につく場合もある」という意味なのである。表現活動は、再々述べてきたように、言語事項の活用、実践、応用の場であって、言語事項を新たに身につけるための場ではない。

しかし、言語事項を実際の表現活動に、役立て、活用し、実践し、応用するという行為は、言語事項をより確かに身につけるうえで欠くことができない。材料、素材としての言語事項を、作文や話すという行為によって、身につけ定着させ、生きて働く機能的な役割とするためには、表現行為を欠いたところでその実現を求めることは困難である。つまり、「表現領域における言語事項の指導」という場合、その本質は、言語事項の活用指導、応用指導、実践指導、定着指導であるというように位置づけられるべきである。

したがって、表現領域における言語事項の指導は、くれぐれも「新しい言語事項の獲得」というところにその目的をおくべきではないということになろう。

念のために書いておきたいが、言語事項を身につけさせるためには作文指導という場はきわめて重要なのである。しかし、あくまでも、ここでいう「身につけさせる」というのは、「定着、応用、実践」の意であって、「獲得、理解」の意ではないということである。言語事項の獲得や理解は、他の領域でなされるべきであって、表現領域でなされるのは、それら獲得、理解された言語事項の定着、応用、実践なのだということなのである。

二　表現指導における「言語事項」指導・その基本的留意点

ことわざに「鹿を追う猟師は山を見ない」というものがある。分析に目を奪われて総合を忘れる。枝葉にこだわって根本を忘れる、という意味だ。このようなことは現在の教育現場にもたくさん見られる。

今の新教育は、外からの附け刃である。内は燃えていない。眠っている。無自覚である。研究心が足りない。教師道が衰退しとる。どこにその悲しい原因は伏在しとるのだろうか。第一に指摘したいことは根本問題の研究の欠如だと思う。実に、過去の師範学校にも、今の学芸大学にも、教師資格の中にも、大事な真、善、美、聖に関する最も緊要なる学科が与えられず、要求されていない。こんな恐ろしい過誤がどこにあろう。だから、自ら確乎たる信念がない。愚見や流行の意見や事大主義にまどわされる。ホントの教育が見出せない。真理に味方すべきに邪道に簡単に敗北する。迎合する。阿諛《あゆ》する。まごつく。人生の悦びが見出せない。

と、小原国芳氏は、その著『教育の根本問題としての哲学』（玉川大学出版部刊）の巻頭に述べている。まことに味わいの深いことばである。

実践に当たってくれぐれも戒めたいことは、根本を忘れて枝葉に走ることである。どうしたらよいのか、どういう指導の方法があるか、どんな教え方をするのかというような、ハウ・ツーだけのレベルの協議のみが盛んになって、その根本を忘れるようなことになってはならない。

ここでは、言語事項指導の「基本的な留意点」についてのみ述べることにしたい。これさえ頭において指導に当たれば間違いないというもっぱら根本的なところを、ごく要点的に述べることが、この節の役割である。

1　言語による人格の形成をめざして指導する

教育課程審議会が、五二年度に向けた改善の基本的なねらいの第一は「人間性豊かな児童生徒を育てること」である。ここで「人間性豊かな」という語句の内容にまで立ち入る余裕はないが、この一事こそ、常に教師が念頭におかなければならないことである。五二年度の学習指導要領が、「言語の教育としての立場を一層明確にし」と述べ、さらに「国語力を養うための基礎となる言語に関する事項が系統的に指導できるようにし」と、改善の基本方針に述べてあるからと言って、漢字指導や文法指導がにわかに盛んになり、騒がれるとしたら、それは根本を忘れていることになる。大切なことは、「人間性豊かな子を育てる」ことである。言語事項に関する知識や技能を身につけてやることが、どう「人間性豊かな子」の形成にかかわるのかを考えることが極めてたいせつである。

言語事項の指導の根本的なねらいもまた、「言語による人格の形成」におかれなければならないということである。正しいことばを使う、わかりやすい文章を書く、表記の約束に従って正しい文章が綴れるということが、知識や技能という側面から強調される前に、ことばを用いる一人の人間として、社会生活を営む一個の存在として、そのありようの側面から考えられなければならないということなのだ。

つまり、不正確な文章、いいかげんなことばづかい、わかりにくい文体というような作文上のさまざまな問題行動を、知識の欠如だからと言っては詳細な解説を加え、技能の不足だからと言ってはドリルでばかり直そうとするような、そのようなありきたりの解決の仕方では、五二年度の学習指導要領の趣旨に沿ったことにはならない。

要するに、言語行為者としての人格的問題行動としてとらえる必要があるのである。誤字を書くということを例にして言うならば、それを能力的欠如、学力的欠如としてだけ見ずに、例えば、ことばに対する態度上の問題、あるいは、見直しをしなかった自分の社会的責任というような側面からの見方をすることである。

このような立場に立つことによって、言語というもののもつ社会的意義、また、言語行為にかかわる主体者としてのあり方というものが、幼いときから正しく形成されることになる。これこそが、第一に考えられなければならないことである。

2 作文力、表現力の向上をめざして指導する

言語事項は、表現領域の基礎である。従って、表現指導という段階に至ってしまってから、言語事項の指導に力を入れるというのは適切ではない。作文を書かせるという段階になって、その場で言語事項の指導を始めるということは、技術的にも大変むずかしい。作文を書き始めた子どもたちにストップを命じて、言語事項について、事改めて解説を始めるなどということは、まったくナンセンスというほかはないからである。

表現指導の場で最も大切なことは子どもの表現力を高めてやることである。言語事項を身につけ、その力を伸ばすということにねらいがあるのではない。この根本的な認識が重要である。

この認識を誤ると、作文の指導をしているのか、言語事項の指導をしているのかわからなくなる。あるいは、そのいずれもが充実を欠き、結局、何の指導をしているのかわからなくなるというようなことになりかねないだろう。

では、「表現領域における言語事項の指導」とは、一体、どんなとらえ方をすればよいであろうか。簡単に言えば、言語事項に関する指導にも触れた方が、よい作文になるという場合にだけ、それも、できるだけ控えめにとい

うのが、最も現実的で妥当なあり方である。言語事項に触れれば触れられるが、それによって、書き手の意欲や、意識が乏しくなったりする場合には、あえて言語事項には触れない方がよい。そして、まさに一気に書かせ、後の推敲の段になって触れてやる方が得策である。

要するに表現領域においては、まっしぐらに表現力の向上を目指すべきであって、指導を雑多な方面に拡散させてしまうことは禁物なのである。

作文力、表現力の向上をめざすということは、表現活動に取り組んだ子どもの心的な緊張を雑多な事柄で混乱させないということである。記述段階に至ってから、そんなことについて云々しなければならないというような事態にならぬように、日常の学習の場で十分に言語事項に関する力を養っておかなければならない。

どこの場でも言語事項の指導が成り立つとか、どこの場でも言語事項の指導をすべきだというのは、いかにも時代の流れをとらえたように見えて、実は焦点のぼやけた指導になりかねない。

3　既習言語事項の定着をめざして指導する

学習指導要領があげている言語事項の内容は次の通りである。

1　発音・発声　（口形、姿勢、音量、速度、抑揚、強弱等）
2　文字　（片仮名、平仮名、漢字の読み書き、由来、特質、ローマ字等）
3　表記法　（仮名遣い、送り仮名、句読点、符号等）
4　語彙・語句　（語句の組立、性質、使い方、由来、辞書の利用、語感、語調、文語等）

5　文章構成　（主述、修飾関係、照応、係り方、段落、指示語、接続語の使い方等）
6　言葉づかい　（敬体と常体、敬語と丁寧語、方言と共通語等）
7　書写　（筆順、字形、点画、結構、大きさ、配列、毛筆使用等）

7は書写に関する事項であり、他はすべて、いわゆる「ことばに関する事項」である。これらのうち、「話す」という表現領域のみに直接かかわるのは、1の「発音・発声」のみである。「作文」という表現領域にのみかかわるのは2、3の「文字、表記法」であり、4、5、6の「語彙・語句、文章構成、言葉づかい」は、「話す」ことと「作文」との両者にまたがる事項ということができる。

五二年度の改訂は、「特に文章による表現力を高めることに重点をおく。」ことになっている。まさに表現力の中核は作文によって高められるものである。従って、ここでは作文力に関する考えを中心に述べたい。

作文行為というものを改めて観察した場合、5の「文章構成」を除く他のものは、すべて、一応身についていなければならないことに気づくであろう。つまり、文字が書け、一応の表記法が身につき、語彙、語句を知識として身につけ、ことばづかいについて相応の知識を持っていなければ、作文行為は成り立たない。もっと正確に言えば、「文章構成」についてさえ、ある程度の予備知識がなければ作文行為は成立しないはずである。

このように考えてくると、「表現領域における言語事項の指導」という問題は、どのように位置づけられなければならないかが、はっきりしてくる。つまり、「言語事項の指導」というものは、作文領域で改めてなされるのではなく、「すでに身についた言語事項の学力が、作文領域で発揮されるのだ」ということである。

作文領域で言語事項の指導をするということは、改めて、新たに言語事項に関する知識を与えることをめざすのではなく、一応知識として身につけている言語事項を、実際の作文活動という場を通して、より確かに身につける、活用を図る、定着を図るというところに主眼がおかれるべきだということになるだろう。

このことは、作文領域における言語事項の指導が、たいした意味を持たないということではない。水泳の方法を教室で習い、それをプールで実践してみることによってはじめて泳力が身につくように、作文を書くという行為は、それまで、一応理解していた言語事項を、作文活動を通して具体的な力となしうる重要な場なのである。

作文という行為をまったく通さないとしたら、どんなに豊富な言語事項も、おそらく実際の言語生活を豊かにすることには役立たないだろう。

むろん、「話す」という表現活動の中でも、かなりの程度定着はするであろうけれども、それは、あくまでも消え去るもので、おのずと限界がある。

作文という行為は、思想や感情を文字に置きかえ、文章に構築していく理性的で思索的な営みである。話しことばがそうではないということにはならないが、言い足しや、言い直しができず、その場の状況や雰囲気の助けも借りず、文字言語にだけ頼って思想や感情を伝えなければならない作文の方が、話しことばよりははるかに理性的で思索的にならざるを得ない。

したがって、音声言語の領域でよりも、作文という行為の中でより確かに言語事項が定着すると言えるのである。このようなことから、作文領域における「言語事項の指導」は、新しい知識を与えることよりも、既有知識の定着というところに力点を置いて位置づけられるべきなのである。

三　表現指導における「言語事項」指導・その具体的留意点

前節で、表現領域における言語事項指導の基本的な留意点を述べた。そこでは、何よりも基本的、根本的なとらえ方が必要だとして三つの提言をした。

第一は、言語事項を単なる知識や技能の指導として与えるのでなく、深く豊かな言語人格を育てることを目指して与えるべきだということ。

第二は、言語事項の指導は、表現領域においてはあくまでも付随的な事柄であり、本来目指さなくてはならないのは、他ならぬ表現力そのものの指導なのであって、この本末を誤ると指導は焦点を失うということ。

第三は、表現活動の力を伸ばす場で言語事項を扱う場合、他の場面で身につけた知識を応用、定着することに主眼をおき、言語的知識を与えることを直接目的にすべきではない。

このような基本を頭に入れたうえで、具体的な指導場面では、どのようなことに留意すべきであるかという点を次に述べていくことにする。いずれも、当然のことながら「表現領域における」言語事項指導上の留意点であり、言語事項そのものの取り立て指導の留意点とは異なるものである。

1　正しい言語感覚を育てる

教師と子ども、あるいは子どもと子どもとは、教室の内でも外でも、授業中でも休み時間でも「ことば」を使って意志を通じ合っている。子どももおとなも「おしゃべり」が大好きである。教師が子どもに向けて最も頻繁に繰り返すことばは「静かにしなさい」「おしゃべりを止めなさい」ということを見てもそれは明らかである。それほどにしゃべるということは楽しいことであり、だれにも気軽にできることなのである。

戦後の国語教育の中の最大の進歩は「話し合う」能力を高めたことであろう。教室では、どの授業でも、話し合いによって進行するのが最も一般的である。

しかし、それほどに広まり普及している「音声言語」に対してもその「指導」は必ずしもじゅうぶんに行き届いているわけではない。少し気をつけて教室のことばを聞いていると、たくさんの気にかかることを発見できる。例えば、声の小さすぎる子、大きすぎる子、早口の子ども、極端に遅い話し方の子ども、発声の不明瞭な子ども、あるいはだらだらと文を続けて区切れない子ども、助詞の使い方の誤りなどなどあげればきりがない。

このような傾向は日常の教師の話し方にもある。例えば、次はある教師の話をそのまま筆録したものである。これでも何とか聞き手に通じてしまうのは、表情とか、その場の状況とか板書とかの助けや聞き手の努力などに支えられるからである。


「A市には新指導要領検討委員会という組織が生まれました。で、既に活動していますけれども○○校長先生は責任者で、委員会の委員長さんですけど、ま、そういうような仕事の関係で、私もA市に参りましたら、行事が直ぐ重なって、先生と一緒に仕事を進めて参りました。ま、そういうような学校の中の先生方ですから、移行期間に入ってどういうことを進めていくか、或は国語科の中でまず何から対策をしたらよろしいか、そういうような面については、もう、学校の中ででき上がっていると思いますが、特に言語事項という点を取り上げて申し上げてみたいと思います。

ま、言語事項というのは、今まで決しておろそかにされていたというわけではないのですけれども、四三年以降の教育活動全体を見ると、どうもその辺が問題が生まれてきだしたということで、今までのようにばらばらにしてあったものを、表現と理解という領域をひっくるめて言語事項という項目を一番最初にとり上げてある形になっています。（以下略）」

何とかわかりはするが、それはかなり聞き手の側の努力に支えられるところが大きい。ある重責を負ったひとかどの人のことばにしてこのようであるならば、一般の児童の日常語というものはまず推して知るべしである。つまり、日常何気なく進行していることばの中に多くの言語事項指導上の問題点が含まれているのである。

さて、ここで大切なことは、この日常会話の中に散見される言語事項上の問題点を、チャンスを逃すことなく指導するということである。授業中の発言などに見られる誤りや望ましくない言語行動に対して、見逃すことなく指導を加えることである。毎日、毎時が生きた指導の場として生かされなければならないのである。

教師は、常に子どものことばに鋭い耳を傾けるべきである。正しくないことばにはいちいち気づいて、それを見過ごしにできないというような、そういうことばに対する敏感な感覚を持つことが必要である。その正しい言語感覚が、ついには子どもの感覚にまでなるように転移させなければならない。

言語事項を正しく身につけるための最も素朴にして重要な基盤は、教師の健全な言語感覚である。子どもの頭の中に正しい言語感覚を育ててやることこそ、正しい言語事項を身につける何よりの基礎教育である。そのために、教師は子どもとの日常の言語生活の中で常に鋭い聞き耳を立てなければならない。誤りは指摘をし、言い直しをさせ、正しく言えるまで反復させる。うまく正しく言えるようになればほめてやる。あるときには教師が話し方の模範を示し、それを子どもに復唱させる、などなどの工夫を常に心がけるべきである。

また、子どもの発言も教師の発言も、ともに、短く、端的に、明快に、ずばりと的を射て表現できるようにしていくべきである。言語事項を正しく身につけるためには、まず日常の会話を言語事項の法則にかなった正しいものに育てていくことから出発すべきである。

2　辞書を活用する習慣をつける

作文を書いている途中で送りがなのつけ方がわからない、漢字や地名が思い出せない、というような障害に、遭遇することがある。

このような場合に、多くの児童は教師に尋ねるか、あるいはあいまいのままで書いてしまうということになりやすい。教師に尋ねればすぐにそれに答えるのが一般の親切な教師である。尋ねに来なければ教師としては何もしてはやれないので、そのまま子どもはいいかげんな表記をして済ませてしまうことになる。

先のような障害に出合った場合、最も大切なのは辞書を引いて子ども自らが解決を図るということである。辞書を常に身近に置き、手まめにこれを活用する態度を形成してやることは、正しい言語事項を身につけるうえで非常に重要である。

言うまでもなく、辞書に示されているのはことばの概念についての説明である。子どもを、常に自ら進んでこの説明に触れるようにしてやれば、正しい言語事項が徐々に身についていく。また、子ども自身が、自分の手や指を動かしてことばの定義に触れるということが大切である。それは、単に耳で聞いたり教師の教えてくれた文字を目で見たりすることよりは、ずっと確実に身につくものである。

辞書をいつでも活用する態度を育てることは、それだけことばに引っかかる子どもに育てるということでもある。いつでもことばにこだわっては辞書で確かめるような子どもに育てることが大切である。

ちなみに、小学生のための国語辞典は、「引き方を身につける」ための入門辞書である。高学年になって辞書の引き方がわかってしまえば、もうおとなの辞書を使わせる方がよい。おとなものはハンディーであるし、語彙も児童用のものに比べてはるかに豊富である。かつ、いつでもどこでも携帯可能である。したがって、小学生に持たせる初めての辞書は、ごく入門的なものでじゅうぶんである。中学生になっても使えるなどという部厚い辞書を持たせる必要はない。

3 生きた資料の集積を図る

自分のクラスの子どもの作文を読んでいると、いくらでも言語事項上の誤りの事例を集めることができる。提出した子どもは、それなりに見直しや推敲をしてはいるのだが、おのずと限界がある。自分では良いと思って提出してはいても、やはり自分の作文を客観的に見直すことはむずかしいのであろう。しかし、反面これらの誤りの事例は、非常に貴重な生きた資料にもなるのである。

次の作文は三年生女子が七月に書いたものの部分である。

わたしたちも。	**〈言語事項上からの問題点〉** ・この行の句読点は誤りである。また、この下を空けるのも誤り。

もうそろそろかえろうと思った。
それじゃみんなかえりなと先生が言った。
関先生たちは、あっち、
内木先生は、わたしのちかくまできてくれた。
先生はきれいだなあ。
といったらおけしょうはあんまりしないよっ
といった。

・改行すべきではない。
・「　」がぬけている。
・「と先生が……」は改行。
・文として完結していない。述語が不明確である。
・前の文との対応が明確でない。
・「　」がぬけている。この発言をしたものがだれかが不明。
・「おけしょうは……」は「　」で囲むべきである。

このような作文は探す気になればいくらも見つかるであろう。これをプリントして子どもたちに批正させることは言語事項を正しく身につけさせるうえでかなり有効である。

子どもたちは、身近な生きた事例によって正しい言語事項を身につけることができる。問題集のようにわざと誤りを組み込んだような事例ではなく、一生懸命誤りのないようにと書いた生の資料で学習するのであるから、子どもたちの関心はいっそう高まるのである。

ここに表れた誤りの事例は、それだけそのクラスに共通するつまずきの傾向を含んでいることになるかも知れない。スキルブックやドリル帳などよりはずっと生々しい資料である。それだけに子どもたちにわかりやすい指導がなされるはずである。

プリントして与えたものを、そっくりそのまま、もう一度別の紙に全員に視写させることも有効である。全文視写をさせると、「あれ、へんだぞ。」ということに気づき易くなる。

また、共同推敲のあとで、正しい文に各自清書させるということも有効である。視写・聴写・清書などという作業はいささか古い指導法ではあるが、効率の高い良い方法である。

このような事例を集めておくと、長い間には、その教師の貴重な実践記録にもなり、子どもたちにとってもかけがえのない教材集ともなる。誤字や脱字だけにしか子どもの関心が向かないようではいけない。表記上の論理の誤りにまで子どもの目を向けさせるようにしなければならない。サンプルをプリントして渡した後、「いくつの問題点を指摘できるか」という問いによって、できるだけ多数の問題点を箇条的に書かせるなどということも非常によい方法である。思いつきを次々に挙手によって発言させることよりもはるかに子どもの力になるものである。

4　推敲を過信してはいけない

五二年度版の学習指導要領によれば、小学校の一年生に「自分の書いた文や文章を読み返す習慣をつけるとともに、間違いなどに注意すること」という推敲の第一歩が要求されている。四年になると「一層よい表現に書き改めたりする」という能力が要求され、六年にまでこれが継続する。どの教室の、どの教師も「よく見直すんですよ。」「読み直しをして間違いなどのないようにしなさい。」ということを指導している。ところが、そういうことを口をすっぱくして繰り返す割には、あまり推敲の効果が表れないのが普通である。一体これはどうしてであろうか。

「推敲」というのは、そもそも中国の故事にもとづく語である。当時の一流の詩人がその表現を練る苦心を表したものである。このことからしても、推敲という活動は決して安易なものではないことがわかる。それはおとなの仕事である。正直のところ、子どもには本来の推敲は望めないと言っても過言ではない。見直しはできる。誤字や脱字を調べるぐらいはできる。

しかし、「一層よい表現に書き改めたり」（四年）、「叙述の仕方について一層工夫」（五年）したり、「一層効果的な叙述の仕方について工夫」（六年）したりするのは、かなり高度なことである。それは、おとなであっても相当に文章を書き込まないとむずかしい。実践の場でもしばしば経験するところであるが、記述直後に推敲させてもあまりよい作品にはならない。むしろ悪くなってしまうことさえある。

作文指導の本命は、やはり記述前指導にあるという意識がこのごろようやく作文教育論として一般的になってきているように思われる。言語事項に関する力も、推敲の段階で高められるということはあまり期待できない。むしろ記述前の段階で、どんな構成にするか、どんなことばで綴るかという工夫をさせる方が効率的である。

あるいは、とにかく、具体的に「記述する」という作業そのものを数多くさせる中で、言語事項がより確かに身につけられていくものだと考えた方が良い。推敲指導を綿密にさせることによって言語事項がより確かに身につくという期待はあまりもたない方がよさそうである。

5 「言語事項」にこだわらない

「言語事項」を正しく身につける目的は、一言で言えば客観性のある正しい表現を可能にすることにある。言語事項は、ことばに関する諸々の規範であり、それを身につけることによって、より正確な表現の基礎が確立するのである。

従来の作文指導が、作品本位であり、作者本位であり、個性本位であったことへの一つの反省として学習指導要領の改訂がなされたと見るべきだ。作者本位、作品本位、個性本位である前に、もっと文章本位、客観本位、伝達本位に作文を考え、わかり易く正しい表現力を身につけることに主眼を置くべきだという主張である。

なるほど文章は、個性的である前に、まずわかり易い正しい文章で綴られなければならないはずであるし、小学校の作文教育はそれをめざさなくてはいけないと思われる。ところで次の作文をどう見たらよいのであろうか。

一読して一年生女子の日記だと分かるであろう。「ひろ子は」という主語が、ひとつひとつの文の初めにくどいようにおかれている。「わたしは」という代名詞におきかえるなり、いくつかを省くなりすれば、もっとすっきりした文になると思われる。

かさをわすれたこと
きょう、がっこうにかさをわすれてしまいました。ひろ子は、石川さんをまがるところできがつきました。
ひろ子は、

「あ、かさをわすれた。どうしよう。」
といいました。ひろ子は「どうしてわすれものをするのかなあ。」とおもいました。
ひろ子ははんせいしました。「こんどからはきをつけよう。」とはんせいしたんです。

しかし、そのようにすれば、この作文の持ち味である一年生らしさ、自分の失敗に対する執拗な執心という迫力は薄らいでしまうであろう。

文章としてわかりやすくすっきりすることによって、筆者の個性が失われてゆくことにもなりかねない。なかなかむずかしい問題である。

「言語の教育としての国語科教育」というスローガンが、言語事項にこだわりすぎるあまり、かけがえのないそのときの、その子の思いの表現が、一般的で客観的なものにぬりかえられていくとしたら、果たしてそれが、本当の言語事項の指導をしたということになるのであろうか。そのあたりはじゅうぶんに注意して指導にあたらないと「角を矯めて牛を殺す」の愚を招きかねない。

ある六年の少女が、お母さんに「夕焼けがきれいだから見てごらん、早く、早く」と言われたので、そのときのことを「私は部屋の戸をガラッと開け／スリッパをけっとばして廊下に出た。／西の空がまっかな夕焼けだった。／団地の向こうにちょうど夕日が沈むときだった。」という詩（部分）を書いた。

この詩がある教科書に載ることになったのだが、検定の段階でこの詩は削除されることになった。「女の子が『スリッパをけっとばして』というのはあまりに品がなさすぎる」というのがその理由の由である。

「けっとばす」という語は、なるほどいかにも乱暴で少女らしいことばとは言えない。しかし、まぎれもない少女が、そういう野卑なことばを選んだところに、実はこの詩の生き生きとしたドラマがあるわけで、それを削ってしまって「私は部屋の戸を押し開け／廊下のスリッパをはいて窓を開けた。」などとしてしまったら、これは間の抜けた作文とはなっても詩ではなくなってしまう。

言語事項の指導という好意が、そのときの、その作者の個性的な思いや感情をそこなうようなことのないようにじゅうぶん心しなければならないだろう。

6　作文と「言語事項」の併合指導を進める——一つの試み「日直作文」——

作文力の向上を願うならば、まず何よりも多く書かせ、多く目を通してやることが大切である。正しい言語法則に則って文章が書けるようにするためには、毎度毎度の作文に対して適切な助言をしてやり、それを納得させることが大切である。そして、この二つのことを長期にわたって、くり返し継続してやることが大切である。それを数年来具体化し実践してきたのが、「日直作文」という方法である。

日直は男女各一名、出席番号順に一日ずつずれて当番に当たる。日直は前日に所定の原稿用紙を二枚ずつ持ち帰り家で短い作文を書いてくる。当番日は一五分早く登校し、男子は前の、女子は後の黒板にあらかじめ書いてきた作文を全文ていねいに板書する。始業第一声は、この日直の作文朗読からスタートする。自分が昨夜家で書いてきた作文を、自分で板書し、自分で朗読発表するのである。明日はまた別の日直がこの作業をくり返す。日曜でも祭日でも、必ず作文は書いてくることになっているので年中無休である。この方式にはいろいろな効用がある。

まず、子ども自身に黒板いっぱいに板書させることに多くの効果がある。子どもはていねいに一つ一つの文字を書くことになる。

硬筆習字の成果の発表の場ともなる。字形、字体、誤字、脱字、送り仮名、仮名表記等々について実に恰好の評価資料、教材を提供することになる。

改行の誤り、段落の立て方、符号の用い方などに至るまで一目瞭然である。これらが、クラス全員の子どもの前にさらされるのであるから書く方も真剣にならざるを得ないし、見る方もまた真剣にならざるを得ない。

翌日の日直は、今日の日直の作文に対して必ず一言のコメントをつける約束になっている。悪い点を指摘すれば、「では明日の君の作文に期待しよう。」と釘を刺しておける。「明日は我が身」とばかり、次の日直は一層真剣になることになる。

毎朝欠かさず前後の黒板には子どもの作文が書かれているので、それを消さないことには一校時の授業はスタートできない。こうして、一日の始まりでは何よりもまず作文の発表会が優先されることになる。

原稿用紙に書いた作文だと、なかなか読めないままに戸棚の隅にしまわれて時が経ちやすいが、黒板に書かれた作文は必ずその日の朝クラス全員の前で評価され的確に処理される。必然的に作文指導が毎日継続されることになるわけである。

日直は、自分の作文を板書し、それを全員に朗読発表するので、自分の作文を改めて見直すことになる。これによって文章を推敲する態度や技術も身についてくることになる。事実、原稿を見ながら板書する段階になって誤字や主述の誤りに気づいて直している姿も折々見受けられる。

一方、友だちの作文を目で見ながら朗読を聞くクラスの子どもたちは、表記上の問題点やすぐれた表現箇所などを目ざとく見つけるようにもなる。この体験を毎朝五、六分、欠かすことなく継続していくことは、正しい文章表現の技法を身につけるうえにきわめて効果がある。

私の経験では、三か月もこの方法を続けると、表記上のルールはほとんどの子どもに定着するようになる。句読点さえ打てなかった子どものいる四月の状態も六月になるころには見違えるような正しさで文を綴れるようになる。また、四月は日記、五月は詩、六月は手紙文というようにジャンルをかえていくことによって子どもの興味も高まり、さまざまな作文技法を身につけることにもなる。

さらに、作文が書かれた原稿は教師の方にストックされるので、いつの間にかすぐれた教材集積が可能となり一石二鳥以上である。簡単にして有効な方法なのでぜひ広く実践されるようおすすめしたい。

Ⅱ 「伝え合う力」の鍛え方

一 本義、真義をとらえる

1 本質をとらえる大切さ

物事には根幹となる部分と枝葉に当たる部分とがある。根幹は、本質であり、理念であり、目的でもある。これをしっかり把握しておかないとどんなに豊かな実践を生み出してもその真価は覚束ない。根幹を忘れた枝葉の繁りは見せかけの虚勢になりやすい。実践者はこの点にいつも注意して事に当たらなければならない。

私は辞典や事典の類をかなり多く持っている。概念規定や定義、理論的な根拠などを知るうえで欠くことができない文献だからだ。私の専門は国語教育なので、どうしてもそれにかかわる類が多くなる。そして、まず私はそれらを開いて自分なりの納得を改めて行うことに努めている。私の論文に辞書や事典からの引用による用語規定が書かれているのはそのためである。

なるほどと納得できる人はぜひこの姿勢をとり入れてほしい。とても大切なことだからだ。

2　学習指導要領の『解説書』を買おう

「伝え合う力」という用語が、平成十年改訂の学習指導要領の国語科の目標に加えられた。これについての最も根幹となる説明は『小学校学習指導要領解説、国語編』（文部省発行、東洋館出版社刊）に出ている。誰もがまずこれを読まなくてはいけない。

因みにこの解説書は何とたったの百十円である。こんなに中身が濃くて、大切な情報だけが載っている国語科教育の文献はほかにはないと言ってよい。そして、これほど安価なテキストもない。教師ならば一人残らずが持たねばならぬ本だ。私は大学用に一冊、宿舎用に一冊と二冊持っている。二冊買ったって僅か二百二十円である。

3　「伝え合う力」の本質は何か

前掲書の八ページに次のように書かれている。これが公的な唯一の解説である。

この「伝え合う力」とは、人間と人間の関係の中で、互いの立場や考えを尊重しながら、言語を通して適切に表現したり正確に理解したりする力でもある。これからの情報化・国際化の社会で生きて働く国語の力であり、人間形成に資する国語科の重要な内容となるものである。

ここにはいくつかの重要な内容がある。

第一は、「互いの立場や考えを尊重しながら」という文言である。そもそも言語というのはその人の思想や思考を表明したものなのだから「相互に尊重し」合うことは当然のルールなのだが、昨今ことばが軽んじられているためのトラブルがやたらに多い。下手をすれば相手のことばを尊重したばっかりにとんだ災難に遭うということだってある。「話半分」とか「仲人口」などということばは、ことばへの警戒を促すものだ。

しかし、国語教育はよりよい言語生活を求めてこの忌わしい現況を破って進もうとしている筈である。

二 伝わる体験の厚みを

1 教師の「伝える力」が弱い

教師の仕事は子どもをよりよく導くことである。指導、教育をすることが本務だ。だから「教え方」を身につけようと学ぶ教師が多い。教え方が上手になれば、それだけよく伝わると考えられている。

しかし、教師が伝えようとしていることは意外に子どもに望ましくは伝わっていないようだ。そもそも、教師の話に熱心に耳を傾けようとする子が少なくなっているらしい。学級崩壊などということばはそれを端的に物語っている。どうしてそうなるのだろうか。

子どもの「伝え合う力」を高めようとする前に、教師自身の「伝える力」の不足について考えてみる必要がありそうだ。教師の伝える力が十分に備わって初めて子どもにその力を育てることができると考えるのが正しい。

2　実感がなければ伝わらない

諺に「猫に小判」「馬耳東風」というものがある。本来どんなに価値のあるものであっても、その値打ちのわからない者にとっては何の価値も持たないということである。

教師が子どもに向けて言うことばは、みんないいことで、立派で、大切なことばかりだ。子どもたちがそれらをみんな聞いて身につけたなら忽ち日本の国はよくなってしまうだろう。しかし事実は反対で、教師のことばは多くの場合軽んじられている。かなり「伝わっていない」と考えてよい。

それは、子どもに聞く気が乏しいからである。小判や東風の価値が分からない子は、それらに注目はしない。ではなぜ彼らは「聞く気」にならないのだろうか。私の考えでは、それは教師のことばに「実感」が乏しいからではないかということになる。立場上言っている空疎なことばが多いからではないかと考えている。私は自分が語るとき努めて「本音・実感・わがハート」に忠実に話すことにしている。幸いにして大方の人が私の話を聞いてくれる。

本音で語り、実感を確かめて話し、自分のハートを直接ぶつけるような教師は必ずしも多くないようだ。当たり障りのない、無難で、優等生的なことばや内容が多いように思う。それでは子どもの心に教師の思いは「伝わって」はいかない。

3　伝わる体験の厚みを持とう

教師は、あまり「教えよう」「伝えよう」と力まない方がいい。「猫に鰹」の譬えが示すように、好きな物には自分から手を出すものだ。聞きたくなるような話、聞きたくてうずうずするような話をすれば子どもはみんな耳を傾けてくる。

そういう話ならば「伝わる」ことになるのである。そういう話とは何か。それは教師の体験から出た本物の話、本物のことばである。それらは「教えよう」「伝えよう」という意識よりも、「語りたい」「呟きたい」「聞いて欲しい」という意識が強い。自分自身の生活体験の厚みが「伝える力」を強くするのだということを改めて確認したい。

三　「伝え合う力」を支えるもの

1　中学生の汲み取り当番

私は新制中学校の六期生である。田舎の中学校の便所は当然のこと汲み取り式で、当時清掃業者などはなかったから、その汲みとりの仕事は中学三年生男子の当番が充てられていた。誰も好まない嫌な仕事ではあったが、そのことにさほどの違和感もなく、我々は従っていた。そういう日常だった。

日本中の大方の田舎の中学校はそうであったらしい。ある中学校でのことだ。生徒たちが、「嫌だよなあ」「やりたくねえよなあ」とぼやきながら汲み取り仕事をのろのろとやっていた。その働きぶりには誠意がなかった。無理もないと言えば無理もない話である。

2　ある先生の教訓

そこへ担任の教師がやってきた。この中学生の仕事ぶりを見るや、件の担任はさっと右腕を捲り上げ、いきなり肥桶の中にずぶりと二の腕までつっこんだ。中学生は肝を潰して仰天した。

先生は、腕からだらだらと肥を垂らしながら中学生の一人一人の顔を見ながら静かに言った。

「お前たちが出したものだろう。何が汚いのか……。自分で出したものは自分で始末をするのだ。お前たちの家では、お父さんやお爺さんがこういう仕事をしてくれているが、ここは学校だ。先生と生徒とで始末をしなくてはいけない。それは当たり前のことだ。誰かがこういうことをやってくれているから、他の人がみんな気持ちよく暮らせるのだ。さあ、わかったら文句を言わずにやれ。」

先生はそう言って去った。もう、誰も文句を言う者はなく、汲み取りの仕事は捗った。

3　人と心とことばの隙間

我々は、教育を今ほとんどことばと道具でやっている。口先で教育をしようとしている。「体で教える」「体を張って教える」「身を以て教える」事を忘れている。

ことばで汲み取りの尊さを説いても、どんなに巧みにそれを説明したとしても、この担任の一つの行動の説得力には到底及びもつかないだろう。

「伝え合う力」を持つということは、「ことばと心」「ことばと行動」の間に隙間を作らないということである。やりもしないことを臆面もなくことばに乗せる時、そのことばは力を持たない。「伝え合う力」は生まれない。生徒は教師に耳を傾けない。それは当然のことだ。

4 「伝え合う力」を支えるもの

国語科で「伝え合う力」が新しい目標として位置づけられた。「伝え合う力」は大きくことばに依存する。伝え方という言語技術に大きく依存する。しかし、もっと大切なことは、そのことばをどういう人がどういう思いで発するかという言語主体のあり様である。先の中学校の先生は、言語行動主体の範であり、すばらしい言語人格の持ち主である。

因みにこの時、肝を潰して絶句した中学生の一人は森喜朗元総理である。二〇〇〇年五月十三日ＮＨＫ番組「総理に聞く」の中でのエピソードだった。

四 短い文をつなぐ

1 伝え合いの前提ルール

北教大函館校で私の授業を受ける学生は一応「教員志望者」である。将来できうれば教職に就きたいと考えている。だから、私は彼らが少しでも「良い教師」になってくれるようにと考えて授業を工夫している。

一方的な講義に終始しないようにと努めて問答や話し合いをとり入れ、立体的、主体的、双方向的な授業形態にしている。私が指名をして学生に答えを求めることが頻繁にある。指名されたら次のようにしなさいと求めている。

「はいっ」と返事をして挙手をする。

速やかに起立する。


名を呼んでも返事をしないのでは存否がわからない。返事をしても挙手しなければ所在がわからない。返事をして挙手するのは、私の呼名を了解したということと本人の所在を教室の一同に「伝える」ためである。起立をするのはこれからの発言を全体に向けて「伝え易く」するためである。

「伝え合う」ためにはこのような前提ルールづくりが大切になってくる。

2　学生の話し方の悪い傾向

「生活話法」と「教室話法」とは別物だ。教室話法というのは、
・常よりははっきり、ゆっくり
・常よりは胸を張り、大きな声で
という条件を持っている。

しかし、この簡単なことが中々できない。百四十人もの教室である。常の声量、速さでは全体には聞こえにくい。生活話法では駄目なのだが、そこから中々脱皮できない。教師の卵でさえ、である。だから私はしつこくやり直しをさせている。教師は常に垂範者であるべきだからだ。

もう一つの悪い傾向は話を「文」としてまとめないで続けることだ。だらだらと続け、短く「文」でまとめない。

聞き手は頷くチャンスがない。

うん、うん、と頷かせるためには「――です。」「――ます。」というように一文を句点で完結し、「しかし」とか「だから」というように適切な接続語を用いて前の文とのつながり具合を明示していくのが効果的だ。「短い文をつないで話す」という話し方は「伝え合う」上でとても大切な技術である。

3　わかりません、と言わせない

知っていることを思い出して発言するのが「再生的発言」である。知らないこと、わからないことを自分の頭で考えて新しい解を生み出すのが「生産的発言」である。受験学力に長けた彼らは再生的発言は得意だが、合格してしまえばそれらは余り役には立たない。

私が問いかけることは彼らにとってほとんど未知未解のことである。それ故にこそ既知の情報を駆使し、複合させて自分なりの解を生産しなければならない。そこで「わかりませんと言うな」という禁止が有効になる。彼らは「伝え合う」ために何とか自分の解を生み出そうと努める。ようやく少しずつ実りが見えてきた。

五　短く切る。短く言う。

1　この発言の意味は？

ある席での二つの発言を、テープから文字に移してみた。

ア「一秒が一年をこわす」の仕組みを全体的にみると、①②③が筆者の問題提起になっていって、④から事実の例を述べる記述となっています。

イ　①②③④に限定して、これを二つに分けるとしたらどこで分けるかと問われていたので、その観点からいくと、確かに④は具体例になるのですが、それ以降は含まれていません。ですから①から④までで考えると、①と②が科学技術の肯定、③④がそれに伴う問題点という分け方が望ましいと思います。

よく読み返せばわからないことはない。また、話材になっている文章を見ればもっとわかりやすくなるかもしれない。しかし、このままではわかりやすい言い方ではない。「伝え合う」ことの困難という実態の一つがここにある。こういう形でわれわれの日常の「伝え合い」は何とか用を足せているのだが、これを改めていくことから事を始めなければならないだろう。子どもにとっての言語環境としての教師のことばはもっと明快でなければならない。

2　切らないからわからない

子どもの作文の中に「だらだら作文」「ずらずら作文」と言われるものがある。文をひとつずつ完結させないで「〜たら〜たら」というように続けていく形の作文である。「一文を完結させる」「適切な接続語で次につないでいく」という二つが話しことば、書きことばをわかりやすいものにしていく大原則である。

先の二つはいずれも教師の発言である。しかも高いレベルに属する方のものである。ということは、われわれの日常の言語行動は「伝え合う」とは言いながら、その実際は「察し合う」ことに近いのではないかと思われる。

先のことばは次のようにすればわかりやすくなる。これなら「伝え合い」が成立する。

ア　①から③までは問題提起です。④はそれを受けた事実の例です。
イ　問題は①～④を二つに分けることです。①と②は科学技術の肯定です。③と④は科学技術が生む問題点です。④は事実を述べていますが、それは③と同格の事例です。

先の文の長さのおよそ半分に短くなった。しかもわかりやすい。

3　伝え合うには短く言うべし

長い話は詳しくなるからわかりやすいと考えられがちだがそうではない。「詳しい」のではなく「複雑」で「混乱」しているのが長い話の正体である。

伝え合いをスムーズにするためには、「一文を完結させる」「一文を短くする」に限る。これに努めるだけでも日常の音声言語はおおいにわかりやすいものになる。ぜひそこから努めてみよう。

六　非対面の伝え合い

1　折り鶴を添えて

この夏も、ずいぶんいろいろなホテルにご厄介になった。ホテルによってその表情はいろいろだ。

ベッドにゆかたを置き、その上にいつも折り鶴を乗せてあるホテルがある。キャンデーが三つ千代紙を畳んで作ったちいさな折り函の中に入れてある。

ゆかたはむろんのこと糊が効いて小ざっぱりと畳まれている。

「お疲れ様でした。本日は当ホテルをご利用下さいましてまことに有り難うございます。どうぞごゆっくりとおくつろぎ下さいませ」

こんな小さなメッセージまで添えられている。石川県小松の宿である。

見知らぬ一夜の旅客への心づかいがほのぼのと伝わってきて旅の疲れが消えていくようだ。答礼に私は一首を詠んでホテルに置いた。

> 折り鶴をゆかたに添へて客迎ふ
> 小松出湯《いでゆ》に旅衣脱ぐ

2　直筆のことばを添えて

奈良のホテルのメッセージも紹介してみよう。

「いらっしゃいませ。本日はご宿泊下さいまして、誠に有り難うございます。このお部屋は私が清掃いたしました。どうぞごゆっくりとおくつろぎ下さいませ。

客室係　松本静子

※ご意見がございましたら裏面にご記入ください」

裏面には「ご感想」とあって横の罫が引かれている。また、表の半面には英文の歓迎の辞が印刷されている。

ホテルにはこのようなメッセージカードが用意されている例は多いのだが、手書きのことばがあるのは珍しい。

私のお薦めスポット
奈良公園から南へ、春日大社までの静かな原生林が映える趣のあるコースをお楽しみ下さい

私は、和らいだ気持ちになってこの直筆のボールペンの文字に見入った。松本さんのお仕事は決して暇ではあるまい。かなり忙しいのに違いない。その忙しい合間に、メモをされたのであろう。

3 非対面の伝達の重み

伝え合うということばには何となく「対面して」という感じがつきまとう。対面しての「伝え合い」は、相手の反応が即座に確かめられる点で易しいように思える。それに比べて非対面の伝え合いはやや難しい。

ホテルのメッセージは非対面である。しかし受け手である私にはその心の内が十分に伝わってくる。むしろ、音声という騒がしさを伴わないだけ静かな伝わり方で心の中に沁みるようにさえ思う。

メッセージを送る側のホテルや、部屋の清掃を担当する方々に、客の側からの「返事」はおそらく滅多にないことだろう。

私もいちいち返事を書いたり伝えたりしたことはない。しかし、私の心の中には十分な反応が生じ、感謝の思いが湧く。形を伴いはしないが、「伝え合い」は立派に成立しているように思えて嬉しい。

七 論文作成のポイント

初めてで最後の担任学生が四年生になり、今彼らは卒業論文の作成に取り組んでいる。提出されたものを査読し、国語科の全教官立ち合いで試問をし、合格すれば無事卒業ということになる。学生の論文意図が教官に十分伝わることが何よりも大切な条件となる。彼らの意図が十分に伝わるためにはいくつかのポイントがあり、それはわれわれ教師が書く論文にも通ずる原理と言える。今回は例年感ずる卒論についての問題点を書いてみたい。自戒の意味もこめてである。

1　「論文」の本質を踏まえる

論文は「自分の主張」を「論証しつつ」述べたものである。「記録」とも「報告」とも違う。そこには何らかの「新しい問題提起」がなければならない。大発見や大問題提起である必要はないが、主張の見えないものは「論文」とは言えない。まずこれを踏まえたい。

2　必要な「手続き」を踏む

単に主張点を叫んでもその意図は伝わらない。「論証」には「手続き」が必要だ。従来の文献や研究による成果の確認↓そこにある不備や問題点の洗い出し↓解決や打開の仮説（主張）↓その仮説の正しさの論証↓結論。大まかにはこのような手続き、筋道をたどらなければならない。

3　チャンスを生かす積極性を

履修の単位さえ貰えばいい、という消極的な姿勢では碌なものができない。恐らく生涯の中でこれほどの長さで自説を主張する文章を書くということはまずないだろう。生涯唯一のチャンスに存分に挑む心構えが必要だ。そこに打ちこむとき、いかに時間というものが大切であり、いかに日常の勉強が不足しているかということを自覚するだろう。この自覚を持つか否かによって学生生活も、教師の人生も全く違ってくる。己を見つめて今後の生き方を考える上からも力いっぱい取り組むべきだ。

4　論文は「分身」、己の証

論文は長く大切に保存され、後輩の指針ともなる。そこには紛れもない自分がある。己が問われ、裁かれる証だとも言える。そういう自覚の上に立って書くべきだし、論ずるべきである。

不消化のまま専門用語を用いてはならない。つっこまれればすぐにぼろが出る。その用語の成立の背景にまで立ち入って理解し、その上で用いたい。専門用語というものは、他のことばに代えることのできない一種の排他性を持っている。それ故に一つの峰を屹立して主張できるのだ。それを駆使できるまでによくよく理解して使いたい。

5　批判的精神を持つこと

「論文」は「飽き足りなさ」から出発して成立する。謙虚に学ぶ態度と共に旺盛な批判精神もまた大切である。その批判が的を射ているとき、「論文」は大きな価値を発揮する。「論文」もまた一つの「伝え合い」の場である。「伝え合う力」をつける場としても生かそう。

八　紙の活字と画面の活字

1 「伝え合い」の難しさ

「伝える」のは一方的な行為である。「伝えました」という言い方には「伝える側の私の仕事は終わりましたよ」というニュアンスがつきまとい、その結果についてまでは責任が持てませんが――という感じを持たせさえする。

雑誌や単行本の原稿執筆はどうしても「伝える」ことに終わりがちだ。そのことについての反応があることは中々期待できない。初めて論文を雑誌に書いたり、単著を出したりすると自分でも少し興奮してかなりの反響があるのではないかと考えたりしがちだが、まもなくその期待は裏切られる。

そういう無反応に慣れてくると、その評価者は他ならぬ自分であることに気づく。自分自身が厳しい目で自分の論考を見つめ、自省し、まあまあというところか、と区切りをつける。この時に「もう一人の自分」を厳しくしつけておかないと、いつの間にか原稿の依頼は来なくなり、単行本の売れ行きも捗らなくなる。慢心は最大の敵である。

一方的な「伝え」になりがちな活字の発信には「もう一人の自分」との冷静にして厳しい「伝え合い」が不可欠である。自戒をこめていつもそう思う。

2 「教室ドットコム」への反響

専ら横藤雅人先生にお手数をおかけしてなんとか息をつないでいる私の唯一のインターネット論文「教室ドットコム」は、活字論文とはかなりの異なった事態を生んでびっくりしている。

ここに載せた論考には必ずと言っていいほどの「反応」がある。「反響」と言うべきかもしれない。感想であったり、「国語人」の申し込みであったり、意見であったりと多様である。横藤先生は、そのいちいちを必ず私にファックスで送信して下さる。それは私にとってずいぶん楽しみなことである。活字の論文は「伝え合い」になりにくいのに、インターネットの世界では「伝え合い」がかなり成立するということである。双方向性による交信、つまり「伝え合い」が成立する新しい情報メディアが生まれたということになる。

3　紙活字に代わる画面活字

若者や子どもの「活字離れ」「本離れ」が進行する中で、パソコンの売り上げやインターネットの利用者数は激増している。ということは「紙の活字」からは離れているが、「画面の活字」はぐんぐん人々を引きつけているということになる。

大切なことは「活字を読む」という一点であり、その活字の舞台が「紙か画面か」ということは問題ではない。夥しい画面活字情報が紙活字に代わって読まれているとしたら、「活字離れ」はさほど心配にはならないことなのかもしれない。この考え方は妥当と言えるのだろうか。

少なくとも、双方向的に「伝え合う」ためには、従来の「紙活字」よりも、「画面活字」の方がどうもすぐれているようにも思われて、私の中に新しい動揺が兆している。

九　保護者との「伝え合い」

1　一般社会への教師の非協力

学校の先生は、どうも学校の先生仲間でだけ「伝え合う」傾向がある。本誌を読んでくれるような方には誤解なくわかって貰えると思うのでそのことを書いておきたい。教師の「伝え合い」の閉鎖性についてである。

木更津市の校長時代「子どもによい演劇を見せる会」という市民団体を立ち上げたのでその公演案内のちらしを希望する子どもに配って欲しいという訪問依頼を受けた。三人のお母さんがちらしを持って来校されたので、校長室に招じて私も大賛成だから応援をしますと伝えた。私はちらしを読んで趣旨に賛同したので、私の推薦文を添えたちらしを増刷し、全家庭に配布した。

その結果、木更津市内で私の学校の子どもが最多数の参加になったということだった。後でわざわざ三人のお母さんがお礼に来られ、私は大変恐縮した。その折、大方の校長はこのちらしを紹介してくれなかったと残念そうに話された。そして、「推薦文までつけて開催に協力してくれたのは、野口先生だけです」ともつけ加えられた。わかるような気がする。

2　「伝えられること」には不慣れ

教師は多く父母に対して「伝える」側に立ち、父母は「伝えられる」側に立つ。そして、大方の父母はこれに好意的に応えてくれる。教師はそれを当然のことと考えがちだ。

時に、父母が「伝える」側になり、教師の方が「伝えられる」側になることがある。先の私の例がその一つだ。この場合、教師のとる態度は大方は好意的ではない。ことばと表情では好意的に振舞うが、心の中は別であるらしい。つまり「伝え合う」ことが対等に成立しているとは言い難い。

教師はその言動において、あるいは心の持ち方において、ともすると父母よりも優位に立ちがちであり、そのことに慣れっこになってしまう。そういう傾向がありそうだ。これが恐い。

担任の呼びかけにＰＴＡは応えて参加してくれるが、ＰＴＡの呼びかけに応えて参加する教師はごく少数である。これでは「学社連携」も「学社融合」も覚束ない。この傾向は反省されなければならない。

3 「伝え合う」ことの具現

これからは、教師も保護者も、そして一般人も本当に一体となって教育問題に取り組まなければいけない。私は全国の先生方の同志との勉強会によく出かける。招いてくださる先生方との出合いは、私にとって大きな楽しみだ。そこには、教師しか集まらない。それは当然なのだが、このごろ私はその最後の一駒を一般社会人と共に学び合う場にしましょうと呼びかけ始めている。教師が保護者と向き合うのではなく、教師と保護者や一般人とが同じ方向を向いて学び合うようにしようという呼びかけだ。「伝える」一方向性から「伝え合う」双方向性に教師の姿勢が変わっていくことが、これからは是非必要だと私は考えている。

一〇 道順の伝え方にも小さなコツ

1 よくない教え方

道順を尋ねるという必要は誰でも感じたことがあるだろう。私もいろいろな所に出かけるので行先を尋ねることがよくある。自分が教えて貰う立場にありながら不満を述べるのは恐縮だが、次のような場合には正直言ってこちらが迷惑をする。

①　よくわからないのに教える。

親切な人なのだろう。聞かれたので教えなければいけないという親切心が先に立つらしい。しかしこれは困る。大体の場合道を尋ねるのは早くそこに行きたいからだ。それを考え、考えゆっくり説明をし、最後に「多分そうだろうと思います」などと言われたのでは本当にがっくりしてしまう。「よくわかりません」と断ってくれた方がよっぽど親切である。

②　詳しく話しすぎる。

その土地に不案内だから問うのである。詳しく教えるというのは細かく教えるということである。それでは不案内な者にとってはついていけない。

「二つ目の角を右に曲がり、山田銀行の前でもう一度お尋ねになるといいでしょう」というような教え方が賢明だ。「私もそちらに参りますのでご一緒に」と親切に言われて恐縮しながらついて行ったところその方の勘違いで別のところに行ってしまったという苦い経験もある。親切の失敗には怒れないのがまた口惜しい。

2　上手な教え方のポイント

①　はっきりわからなければ断る。

②　行く先を必ず復唱する。曖昧であれば確認する。「第一ホテル札幌」と「札幌第一ホテル」と「札幌第一ホテル別館」はそれぞれ全く別のところにある。

③　明確なところだけ教える。到着点まで教えようとすると無理が生ずる。「そこでもう一度お尋ね下さい」というのがむしろ親切な教え方である。

④　距離と時間も付け加える。
方向はわかったがどのくらい遠いのか、時間がかかるのかわからないのでは不安である。場合によっては徒歩を諦めることもある。「大したことはないですよ」という言い方ではなく、「十五分もあればいいでしょう」というように数値で述べるべきだ。

3　上手な道の尋ね方

①　「すみませんがちょっと教えて下さい」と、まずお願いをする。
②　「大山中小学校はこの近くですか」とまず問う。「近くですか」と問うとよい。
③　次に、「行き方をご存じですか」と問う。この問いによって、よくわからない人は断るだろう。その方がよい。
④　知っているようであれば、「途中までで結構ですのではっきり分かるところだけ教えて下さい」と依頼する。
これで教える方はかなり教え易くなる。
⑤　「ありがとうございました。ではそこまで行ってみます」必ず礼を言うこと。中には用件だけ聞くとすぐに歩き始める人がいる。よほど急いでいるのだろうと善意に解するが気分はよくない。道案内一つでもちょっとこだわってみると伝え方が上手になる。

一一　電話による伝え合いのコツ

1　今、よろしいですか

電話を戴く、という言い方がある。電話してきた、という言い方もある。電話をよこした、とも言う。これらはすべて受け手の心のありようを表すものであって、電話自体に何の違いや科があるわけではない。

突然ベルが鳴った、とも言うし、電話のベルがけたたましく鳴ったなどとも言うが、電話のベルの鳴り方は、かける人や内容に関係なくいつだって同じである。これも受け手の心の問題だ。

電話は機械だからそこには善意も悪意もないのだが、電話をめぐるトラブルは結構あるようだ。相手が見えない伝い合いであるから、それだけ念を入れた伝え合いを心がけるべきである。だが、便利さに甘えてつい心配りを欠きがちである。

電話の度に必ず「今、よろしいですか」と確かめてから話し始めるのは、明治図書の江部編集長である。これはとても大切な心配りだといつも感心する。電話はいつでも一方的にかかってくるものだから、こっちの都合をまず確かめてから話してくれるのは大変有り難い。学びたい態度である。

2　少しお待ち下さい

自分の確かめや、電話の取り継ぎの為に、電話を待たされることがままある。文字どおり「少し」ならよいが、二分を過ぎ、三分、四分となるといらいらしてくる。「少し」ではないからだ。この時間、私はずっと受話器を持ち続け、耳を澄ましていなければならない。時間の無駄という外はない。

ところが、先方は私の気持ちなど関係ないように平気で時間をとっている。私にはこれが耐えられない。

そこで「すぐ近くにおいでですか」と問うてから取り継ぎを頼むことにしている。あるいは「五分後におかけしますので一旦切らせて下さい」と言うこともある。その間に小さな仕事ができるから、時間を無駄にしなくてすむ。

私が取り継ぐ場合には、一分と待たせることはない。それを越えるようならば「こちらから」と言って一旦電話を切る。その方がずっとすっきりしている。

3　相談ではなく連絡を

長電話が私は嫌いである。用件を手短に伝える術を私は身につけていると自認している。長電話になる原因は多く「相談」に使うことによる。相談というのは互いに向き合いじっくりと時間をかけてするものであって電話では不向きである。電話に適した用件もあるし、不適な用件もある。連絡には電話が便利だが、相談には不向きと心得るべきだ。

また、電話は必ず相手を呼び出すという行為を要求する。その点ファックスは一方的に送るだけなので、都合のいい時に見て貰うことができて便利である。私はこのごろファックスを多用している。これが手紙同様、公式性を持ってくるといいのだが今のところはやや略式な感じで正式とは認められていないようで残念だ。

一二　非言語コミュニケーション

1　目は口ほどに物を言い

人と出合ったそのとたんに、私たちはある種の判断行為を瞬時に行うものである。それは、好感、猜疑、警戒、受容、親和等々の感情的な反応であり、きちんとしたことばなどにはならないことば以前のいわばカオス的なものであるが、これは存外相手に対するかなり明確な印象形成をするものであって、それも長く消えずに残ることが多い。

相手が一言も発しないうちにこっちは相手に関するかなりの情報を入手し、自分なりにそれを結論づけてしまう。我々には一般に「伝える」ということはすぐに「ことばによる」と思いがちだが、実際の生活の中ではことば以外のその人のしぐさや表情、行動、服装、まなざしなどによっても大いに「伝え合う」ことをしている。「目は口ほどに物を言い」という古諺は実に的を射た言だ。

2　ことばにふさわしいしぐさ

国語の教育ということになるとどうしてもすべての関心を「ことば」そのものへの関心に向けることに集中してしまいがちだが、それだけでは浅薄の誇りを免れないだろう。

例えば「申し訳ありません」とか、「すみません」と言う時には、それにふさわしい「身のこなし」が伴わなければならない。語調も沈んで低くなる。これを傲然と胸を張って言い放ったら、それは詫びではなく「反抗」になってしまう。陳謝の心は伝わる筈がない。また、陳謝の心を持っていれば決してそういう態度にはならない。

3　言語人格の教育

心理学の用語にセルフ・デフィニションというものがあるそうだ。「自己定義」と訳すらしい。すべての行動は、自分を定義するのだという意味だろう。二人で向き合って話している時に、ちらっと時計を見るのは、「そろそろ話を切り上げて別れたいなあ」というメッセージをそれとなく語っていることになる。話をしながら、ちらちらと外を見るのは「どうもこの話には身が入らないなあ」という心の内をサインとして提示していることである。

どんな小さなしぐさであっても、それらの一つ一つはみんな自分を定義するメッセージだという考え方は、言語ばかりがコミュニケーションの具ではないのだということを的確に説明してくれることになる。

ことばに重みや厚みや責任が伴ってこそ、そのことばは力を持ってくる。そして、実はことばというものも、人間の具有する文化の一つに過ぎないのである。だから、ことばだけを教えればそれでことばの教育ができるのだと考えるのは至って浅薄なことである。

ことばの教育の本来のあり方は、心の教育や人間教育と決して切り離されてはならないのであって、それは「伝え合う力」についても全く同様である。私は、これからは「言語人格」という概念を国語教育の中に位置づけていきたいと考えている。非言語コミュニケーションをも視野に入れた学力論である。いずれきちんとした発言をする機会を持ちたいと考えている。

復刻版のあとがき

読書家として知られる友人から、「まずはあとがきから読むことにしている」と聞かされたことがあります。あとがきには、大きな一仕事を終えて、やれやれと肩の荷を降ろしたくつろぎの吐息のような親しみを覚えることがあるからでしょう。私もそれに通ずる思いがあります。

私は、国語人のはしくれとして、子供の頃から俳句に親しんで今日に至ります。小学校の国語教師であった父の影響です。父が作った小さな俳句結社「竹声会」の、私は三代めの主宰を務めています。有季定型の伝統俳句の会で、会員は三十名ほどです。

夏の季語の一つに「花は葉に」というものがあります。「葉桜を動態的に表現した言葉」とあり、「花は葉に旅の期待は秘めしまま」（稲畑汀子）などの例句があります。「花の命は短くて、苦しきことのみ多かりき」と言ったのは林芙美子でした。花は花のままでいることはできない。どんどん、どんどん万物は変わっていく。万物流転、諸行無常の言葉どおりです。

私にも、少年時代があり、青春があり、働き盛りがありましたが、それらはいつか遠くなり、今は八十路を歩き始めました。小さい頃の私は病弱で、父も母も随分心配したようです。長くは生きまい、と思っていたようです。しかし、思いがけなく私は元気です。今でも、講演や授業研究会などに声を掛けてくれる仲間があり、都合さえよければどこへでも出かけています。私にとって、若く、熱心な先生方との学び合いを共にできることは、この上ない喜びであり、また若返りの妙薬でもあります。そんな嬉しい出合いが毎年一〇〇回以上あります。

当然のことながら、若い頃のようなバイタリティーはありませんが、年相応の活力の範囲で私なりに人様のお役に立てることを楽しみとしています。しかし、こうしている間にも、私は刻々と自らの命の果てに近づいているというのが現実です。大方の人は、どんなに元気でも八十代でほとんどその生涯を閉じています。

父が他界した時の新盆で菩提寺をお訪ねした時に、その年に新盆を迎えた家の方々を紹介されました。その時に、「米寿」つまり八八歳を過ぎた人はほとんどいないことを知ってびっくりしました。八十代というのは、ほとんどの人にとって最終コーナーのようです。むろん、七十代でも六十代でも、あるいはもっと若くても他界をする方も少なくはありません。それらのあれこれを考えると、よくぞここまで元気で来られたものだと、改めて自らの長寿と健康に感謝せずにはいられません。

同時に、残された時間の決して長くはないことも思わざるを得ません。満八一歳になって初めて私は、「退職」ということを実感しています。四月から八月の末まで、定期的な授業に出かけなくていいのです。ほとんど毎日自宅にいられます。しかし、私の自宅は田舎の田園地帯にあり、山林、田畑、宅地の管理作業には際限がなく、日々多忙の中にあり、一日一日が本当に短く、あっという間に過ぎてしまうことに驚いています。「少年老い易く、学成り難し。一寸の光陰軽んずべからず」と、古人は訓しています。「光陰矢の如し」とは本当に名言です。

そんな中で、いくらも残っていない余命の「元気な内に」、「最後の御奉公」「恩返しの真似事」ができたら嬉しいと思うようになりました。「元気な内」というのは、どんなに長くても「あと四、五年」でしょう。それ以降はどうなっているのでしょうか、分かりません。

残された「元気な内に」、私にできそうなことと言えば、授業をすること、授業についての話をすること、教育者としての修業や修養などについての話をすることぐらいしかありません。しかし、それらのことについては、まだ多少はお役に立てるだろうと考えています。

私のこれまでのモットーは、「頼まれたら断らない」ということでした。頼まれるというのは、光栄なことです。有難いことです。ですから、非力ながら頼まれたことには誠実に向き合って参りました。「頼まれたら断らない」

ということを続けてきた私は、いつの間にかおびただしい数の論文、文章、原稿を書いてきたことになりました。とても数えきれないほどの講演もしてきました。それらの大方が喜んで戴けたという吉報にも恵まれました。私は今になって「断らなくてよかったなあ」と心の底から思っています。

「断らない」というのは、他人本位の生き方です。他者の求めに自分を合わせることです。「断る」のは、自分の都合です。この年になって、確信に近く思うのです。人は「自分本位」「自分中心」に生きるのではなく、「相手本位」「他者中心」に生きる方が幸せになれる、と。

そこで、残された時間も努めて「人様本位」「世間本位」に生きていこうと考えるのです。私にできそうなことや場面や機会がありましたら、どうぞお申しつけ下さい。北海道から沖縄まで、どこへでも「元気な内」なら出かけられます。そして、大いに教育について、授業について、人生について語り合いましょう。そんな機会がありましたら、気楽に直接私に連絡してください。インターネットで、授業道場野口塾、鍛える国語教室研究会、実感道徳研究会、野口芳宏などで検索をして下さると連絡法が分かります。新しい出合いを楽しみにしています。

明治図書出版との御縁はざっと四十年余りになります。江部満編集長、樋口雅子編集長のお二人には格別の御指導を戴きました。お二人が退職されたことによって、明治図書との御縁も切れるだろうとも考えていたのですが、こうして今も変らぬ御交誼を戴けることになりました。木山麻衣子編集部長、矢口郁雄氏、茅野現氏を始めとする多くの方々のお陰様で本書が「名著復刻」版として公刊されることになりました。末筆ながら特に記して心より感謝を捧げます。有難うございました。読者諸賢のご活躍を祈りつつ。

平成二九年五月　葉桜の観音堂にて著者記す

【著者紹介】

野口　芳宏（のぐち　よしひろ）

1958年千葉大学教育学部（国語科専攻）卒業，公立小教諭。千葉県の小学校教諭，教頭，校長，北海道教育大学教授（国語教育），同大学，麗澤大学各講師，植草学園大学教授を歴任。現在植草学園大学名誉教授，同フェロー。

〈所属学会等〉

日本教育技術学会（理事・名誉会長），日本言語技術教育学会（理事・副会長），日本教育再生機構（代表委員），（公財）モラロジー研究所（教育者講師），鍛える国語教室研究会，授業道場野口塾（各主宰）

〈主要著書〉

『野口芳宏著作集「鍛える国語教室」』全23巻，『野口芳宏第二著作集「国語修業・人間修業」』全15巻別巻1，『鍛える国語教室』シリーズ1～15（以上，いずれも明治図書），『ちゃんとができる子になる子どもの作法』（さくら社），『縦の教育，横の教育』（（公財）モラロジー研究所）他，編著・監修著書等多数

〈専門分野〉

国語教育，道徳教育，家庭教育，幼児教育

表紙写真提供：堀田敦士

名著復刻　作文で鍛える

2017年7月初版第1刷刊　ⓒ著　者　野　口　芳　宏

発行者　藤　原　光　政

発行所　明治図書出版株式会社

http://www.meijitosho.co.jp

（企画）茅野　現（校正）小松由梨香

〒114-0023　東京都北区滝野川7-46-1

振替00160-5-151318　電話03（5907）6701

ご注文窓口　電話03（5907）6668

＊検印省略　組版所　共同印刷株式会社

Printed in Japan　ISBN978-4-18-138516-3